Akira Ikegami, How To See the World

池上彰の世界の見方

東南アジア

ASEANの国々

小学館

東南アジア
Southeast Asia

基礎データ（東南アジア全体）

総面積	約450万平方キロメートル（日本の約12倍）
総人口	約6億5000万人（日本の約5倍。2017年）
宗教	仏教約48%、イスラム教約26%、キリスト教約15%、その他約11%（2016年）
ASEAN（東南アジア諸国連合）**加盟国**	インドネシア、カンボジア、シンガポール、タイ、フィリピン、ブルネイ、ベトナム、マレーシア、ミャンマー、ラオス（2019年4月現在、東ティモールは加盟申請中）
ASEAN全体GDP	約2兆7600億ドル（日本の約半分。2017年）

出典：外務省HP、ASEAN本部HP、アメリカ中央情報局HP、IMFなどのデータをもとに編集部が作成

はじめに

２０１８年6月、初めての米朝首脳会談がシンガポールで開かれました。なぜシンガポールが選ばれたのか。トランプ大統領のいちばんの支援者が経営するカジノホテルであるマリーナベイ・サンズを売り出すチャンスを、トランプ大統領が提供したのではないかというのが私の見立てです。

高層ホテル3棟の上部に船の形のプールを設置するというユニークな外観は、首脳会談を報じるテレビニュースに必ず映り、会談後、人気ホテルとなりました。

このカジノは、日本でも成立した「カジノ法」を使って、いちばん先に日本に進出するのではないかと見られています。

もちろんそれだけではありません。シンガポールは、「明るい北朝鮮」と呼ばれています。形式的には民主主義国家なのですが、選挙制度が与党に極端に有利になっていて、長期政権が継続するようになっています。さまざまな罰則も厳しく、清潔な街並みをつくり出しています。商売には有利な制度があり、自由な経済活動によって豊かな生活ができるようになっています。

「こういう国になってはどうか」というのが北朝鮮に対するアメリカの提案でもあったのです。

そして2019年2月、2回目の首脳会談はベトナムで開催されました。ここにもアメリカのメッセージが隠されています。

朝鮮半島は北緯38度線で分断されました。社会主義の北と資本主義の南に分断され、南はアメリカが支援しました。

一方、ベトナムも北緯17度線で南北に分断されました。北ベトナムは社会主義国家で、南ベトナムはアメリカの支援を受ける資本主義国。朝鮮半島情勢と似通っていたのです。

しかしベトナムの場合は、ベトナム戦争でアメリカが撤退したあと、北ベトナムが南ベトナムを吸収合併。ベトナム共産党による一党独裁を維持しながらも、「ドイモイ（刷新）」政策により経済は急激に発展しています。アメリカとの関係も改善され、アメリカの企業による投資が入って、ベトナムは豊かな国になりつつあります。

アメリカは、北朝鮮の金正恩《キムジョンウン》委員長に対し、「一党独裁のもとでも経済は発展できるし、アメリカとの関係を改善すると、プラスになることばかりだよ」とささやいたに違いありません。

こうして見ると、東南アジアというのは、北朝鮮にとってお手本になる国が多いことに気づきます。逆に言えば、必ずしも民主主義国家ではない国が多いということでもあるのですが。

東南アジアという概念が築かれる過程には日本が関与しています。その理由は本文に譲りますが、その結果、太平洋戦争で戦場になった国々は大きな傷を負いました。

それにもかかわらず、東南アジアには親日の国が多いのは、戦後日本の努力が関わっています。日本による援助です。

今や東南アジアは急成長を続け、日本に観光に訪れる人も激増しました。少し前までは中国人観光客が〝爆買い〟する姿が目立ちましたが、最近では髪をスカーフで隠したイスラム教徒の女性たちが目立つようになりました。それだけ生活にゆとりが出てきたことをうかがわせます。

東南アジアは、これからも発展を続けるでしょう。そんな東南アジアの魅力に惹《ひ》かれて日本を脱出。現地で生活したりビジネスをしたりする若者たちも現れるようになりました。どこで働くにせよ、私たちは、もっと東南アジアのことを知る必要があるのです。

それにしても東南アジアは多様で多彩です。仏教国のタイ、カンボジア、ラオス、ミャンマー。イスラム教のマレーシア、インドネシア、ブルネイ。キリスト教のフィリピン。とてもＥＵ（欧州連合）のような統合には至りませんが、緩やかなまとまりとして協力関係が進んでいます。

これからのあなたの暮らしにとって、東南アジアあるいはＡＳＥＡＮ《アセアン》（東南アジア諸国連合）という名称は、切っても切れない関係になるはずです。そのときのために、この本がお役に立てれば幸いです。

本書のシリーズは、中学生あるいは高校生を対象に、私が世界各国の歴史を紹介しながら「世界の見方」を授業し、その内容を本にまとめています。

今回は、東京学芸大学附属高等学校のみなさんに協力をいただき、授業をしました。高校生ならではの疑問や、高校生とは思えない知識や問題意識に触発されながら、楽しく授業をすることができました。そんな反応も含めてお楽しみください。

２０１９年３月

ジャーナリスト　池上　彰

目次

池上彰の世界の見方 東南アジア

ASEANの国々

第1章
日本との歴史

東南アジアはＡＳＥＡＮ10か国＋１

欧米や中国と比べて、東南アジアに関して語られることは少ないように思います。しかし、日本にとって東南アジアは、ＴＰＰ（環太平洋経済連携協定）などの経済協力問題や資源開発もあり、これまでもこれからも密接な関係を持ち続けていかなければならない地域です。

そこで、これから東南アジアについて勉強していきましょう。きっと、勉強する前と後では、ずいぶんイメージが変わっていると思います。まず始めに、みなさんがまだ真っ白な状態の中で、「東南アジア」と聞いてどんなことをイメージするのか？　頭にぱっと浮かんだこと、なんでもいいので教えてください。

——**暑くてじめっとしている。**

熱帯雨林の地域が多いから、気候は高温多湿で、まとわりつくような暑さのところもあるね。それから？

——**国や地域によって貧富の差が激しいイメージがあります。**

——**最近、すごく成長している。**

なるほど。みんな、どんどん発言してください。

——地理的な範囲としては、いわゆる「大東亜共栄圏」と重なるんじゃないかと思います。

何か予習してきた？　していない（笑）。そうか、ほかにはないかな？

——メイド・イン・タイランド（タイ）やメイド・イン・マレーシアの製品を目にすることも多くなって、日本の企業が進出して工場を建てているように思います。

よく観察しているね。普段、手にする製品がどこでつくられているのか。意識して見ると、東南アジア諸国の名前が結構多いよね。

——プランテーション（大規模農園またはその手法）とか、日本の産業に重要なものをたくさんつくっている印象があります。

君たちのお父さんやお母さんの会社にも、東南アジアに支社があるかもしれないね。

——最近、東南アジア系だなっていう感じの外国人をよく見かけます。

日本で、かな？

——はい。きっと労働者として日本に来ている人が多いと思うし、観光目的でも、東南アジア系の人が増えている気がします。

そうだね、東京都心部でも最近、インドネシアやマレーシア、フィリピンなどから来たなという観光客をよく見かけます。要するに、東南アジア諸国の経済が急激に成長して、海外旅行に行ける人が出てきたんですね。１９６０年代の後半から70年代にかけて、高度経済成長によって日本でもようやく海外旅行に行ける人が出てきたでしょう。今は東南アジアで、ちょうどそういう状態になっている国があるのだなと感じています。

東南アジアのどこかの国に行ったことがある人はいますか？　おお、結構いるね。どの国へ行きましたか？

――**インドネシアです。**

どんな印象を持ちましたか？

――**とにかくバイクが多くて、道路は自動車よりもバイクで大混雑していました。**

東南アジアでは、バイクと自転車が最もポピュラーな交通手段の国が多いんです。３人乗り４人乗りは当たり前という、日本では考えられないような乗り方をしていることにも驚くよね。

――**僕は観光旅行でタイに行ったことがあります。**

タイの印象はどうでした？

――**高速道路を走っていると、ＭＲＴというタイの地下鉄が建設されている様子が見えて、今、まさに成長している国なんだなと感じました。**

行ったことのある人は実際に自分の目で見て、ない人も日本を訪れる東南アジアの人々の様子から、いろんなイメージを持っていることがわかりました。では、ここから本題に入っていきましょう。

まず、東南アジアとは、どの国々を指すのか。東南アジアの地図とＡＳＥＡＮ《アセアン》（Association of Southeast Asian Nations　東南アジア諸国連合）加盟国を見てみましょう（p18地図①）。ほとんどの国がＡＳＥＡＮ加盟国だよね。ベトナム、ラオス、カンボジア、タイ、ミャンマー、フィリピン、インドネシア、ブルネイ、シンガポール、マレーシアの10か国です。

そして地図でいうと、オーストラリアのすぐ上の島の一部に、東ティモールという国があるでしょう。ＡＳＥＡＮの正式加盟国10か国に、この東ティモールを加えた11か国が、東南アジアと呼ばれるエリアです。

――東ティモールだけ、東南アジアなのにＡＳＥＡＮに入っていないのはなぜですか？

東ティモールは２００２年に独立したばかりの若い国です。経済力も非常に小さくて、仮に入ってもほかの国々との差が大きすぎてバランスが取れない。だから現在は、ＡＳＥＡＮのオブザーバーというかたちをとっています。

――ＡＳＥＡＮは、ＥＵ（欧州連合）のような連合体を目指しているのですか？

いい視点ですね。ＡＳＥＡＮは、東南アジアの地域の国々が集まってひとつの国のような経済圏をつくっていこうという組織です。ＥＵを目指しているといえるかもしれません

東南アジア諸国連合
(ASEAN)加盟国
インドネシア
カンボジア
シンガポール
タイ
フィリピン
ブルネイ
ベトナム
マレーシア
ミャンマー
ラオス
日本
台湾
太平洋
マニラ
フィリピン
ミクロネシア連邦
パラオ
ニューギニア島
パプア
ニューギニア
ディリ
東ティモール
ティモール島
オーストラリア

地図①―**東南アジア諸国とASEAN加盟国**

が、ＥＵとは違う点もあります。ＡＳＥＡＮについては第2章で説明しますので、ここではそういう連合体があるんだということだけ覚えておいてください。

デヴィ夫人は、なぜデヴィ夫人なのか？

私は、東南アジア11か国のうち9か国に行ったことがあります。まだ行ってないのは、マレーシアとブルネイ。マレーシアに関しては、元首相のマハティールさんが２０１４年に来日した際に、対談したことがあります。その後、マハティールさんは２０１８年に首相に返り咲きました。ですから、ブルネイ以外の国はなんらかのかたちで実際に触れた経験があるということになります。

東南アジアと日本との関係でいうと、みなさん、テレビでよく見かけるデヴィ夫人って知っていますよね。芸名のような使われ方をしていますが、「デヴィ夫人」って不思議な呼び名でしょう。

なぜそういう名前を使っているのか。彼女はインドネシアのスカルノ大統領の夫人だったからなんです。

本名は、ラトナ・サリ・デヴィ・スカルノ。１９６２年に当時インドネシアの大統領だったスカルノ氏と結婚しました。インドネシアの国籍を持っていますが、もともとは日本人です。結婚前の名前は、根本七保子さん。

根本さんは貧しい家庭に育って、家計を助けるために赤坂の高級クラブ「コパカバーナ」でホステスとして働いていて、スカルノ大統領と出会いました。

根本さんはスカルノ大統領の第三夫人になりました。ただ、第三夫人と言うと、本人は、私は正夫人だと反論するでしょう。インドネシアは、イスラム教の国です。イスラム教では4人まで妻を持つことができますが、4人全員が平等だからです。確かに3番目の奥さんではあるけれど、デヴィ夫人はスカルノ大統領の正夫人のひとりでした。

しかしその後、インドネシアでクーデターが起きて、スカルノ大統領は失脚。彼女はインドネシアにいられなくなります。

スカルノ大統領は、独裁者として莫大な資産を蓄えていました。スカルノ大統領が亡くなったあとの遺産分割でデヴィ夫人は多額の資産を相続することになります。だから彼女は東京でセレブな暮らしができるのです。余談になりましたが、日本とインドネシアとの関係で、最も有名なデヴィ夫人についてのお話でした。

日本が占領した結果「東南アジア」が生まれた

そもそもなぜ「東南アジア」と呼ばれるようになったのか。先ほど、東南アジアのイメージを聞いた時に「大東亜共栄圏と重なる」と言った人がいたでしょう。まさにその時代、第二次世界大戦の時に「東南アジア」と呼ばれ始めました。

「大東亜共栄圏」とは、軍国主義の日本が東アジア地域全体を支配下において、日本との一体化を目指した構想のことです。

第二次世界大戦下で日本が現在の東南アジアを侵略する以前には、「東南アジア」という概念は公式にはありませんでした。日本が現在の東南アジア地域をどんどん侵略していくことに対して、英米を中心とする連合軍がセイロン（現在のスリランカ）のコロンボに「東南アジア総司令部（Southeast Asia Command）」をつくりました。

この時に、初めて「東南アジア」という言葉が公式に使われ、それ以後、この地域は東南アジアと呼ばれるようになりました。ですから、この言葉が定着し、一般的に使われるようになったのは第二次世界大戦後のことなのです。そして、この地域の国々にも自分たちは東南アジアの一員なんだという意識が生まれていったのです。

第二次世界大戦のときに日本が占領したことによって、結果的に東南アジアという概念が公式に生まれました。それでもこの時点では、まだ自分たちは東南アジアの国だという意識は強くなかったと思います。やがてＡＳＥＡＮができることによって、自分たちは東南アジアの一員なのだという意識が強くなってきたといえるでしょう。

こうしてみると、地域や国の概念というものは、外部との関係があって初めて人々の中に生まれてくるのだ、ということがわかりますね。日本だって、鎖国していた江戸時代には外国との付き合いがほとんどなかったでしょう。だから国民の中には自分たちは日本という国の一員だという意識はほとんどなかった。そこにアメリカの黒船がやってきて開国を迫り、対外的な付き合いをするようになって初めて、自分たちは日本という国なのだという意識が芽生えてきた。

外国から、国旗はどうなっているんだと問われて、「えっ⁉ 国には国旗が必要なんだ、何を国旗にしようか」と、あわてて日の丸を選んだ。対外的な付き合いをすることによって、日本という意識が生まれてきたのです。

多様な宗教、多様な政治体制

東南アジアの国々は、民族や宗教（地図②）、政治体制がさまざまです。たとえば、インドシナと呼ばれるインドと中国に挟まれた国々、ベトナム、ラオス、カンボジア、タイ、ミャンマーでは一部ヒンドゥー教徒もいますが、大部分は仏教徒です。世界遺産にも登録されているカンボジアのアンコールワットは、もともとヒンドゥー教の寺院としてつくられて、途中から仏教寺院として改修されました。ヒンドゥー教と仏教は親類のような宗教ですから、こういうことも起こりうるのです。

インドとネパールの間、現在ではネパールに含まれるルンビニという村で生まれたゴータマ・シダールタ（ブッダ）が悟りを開いて仏教が始まり、それがインドに広がり、さらにインドシナ半島へと広がっていった。インドでは仏教はすたれてヒンドゥー教が中心となりますが、インドシナ半島においては仏教の勢力はどんどん拡大していきます。

みんなも知っているように、仏教は大きく「上座部仏教」と「大乗仏教」とに分かれます。

上座部仏教はブッダの教えを忠実に守ろうとする教えです。出家して修行を積むことで

地図②—東南アジアの宗教分布

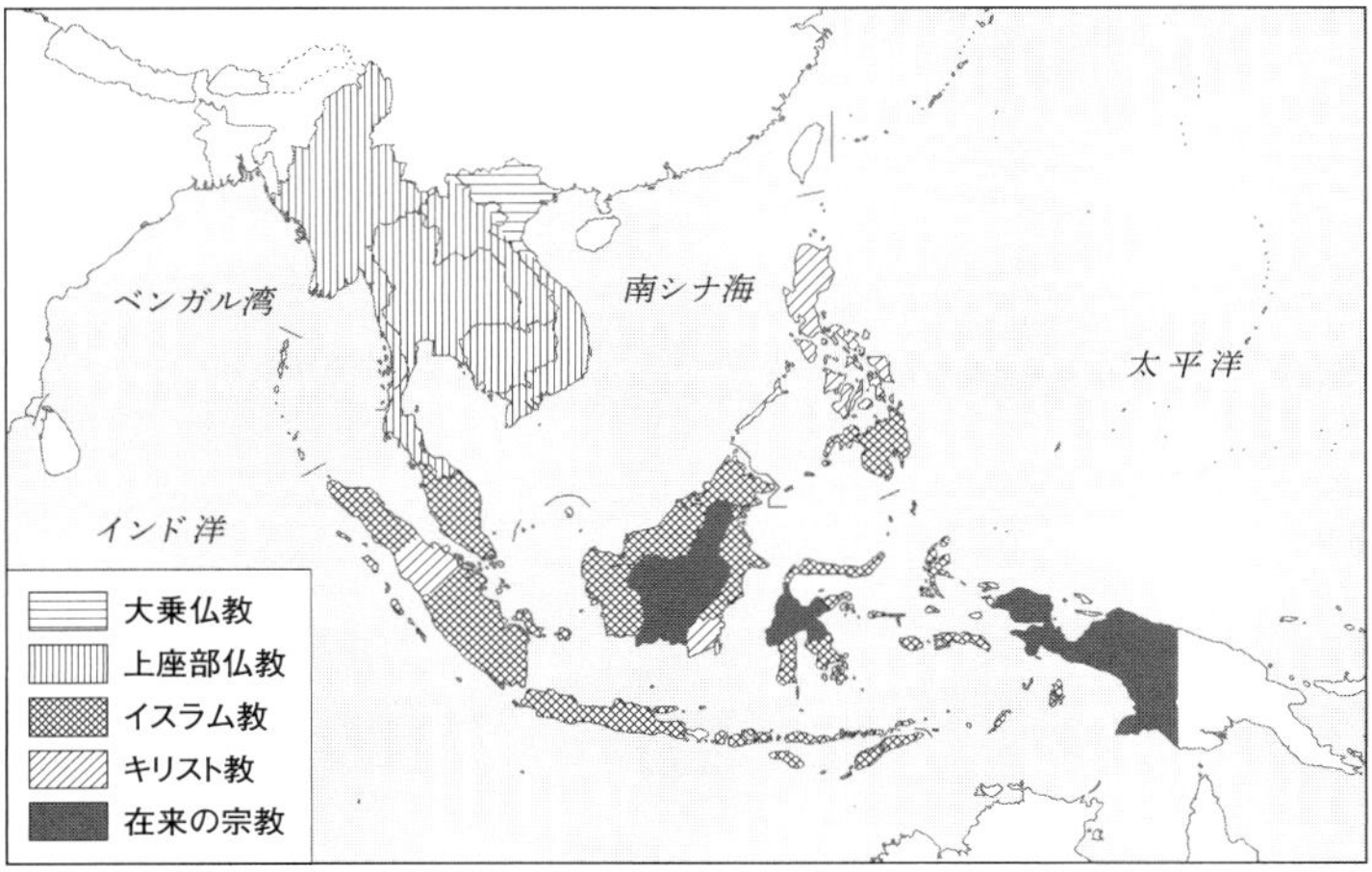

地図③—東南アジアの植民地支配（20世紀初頭）

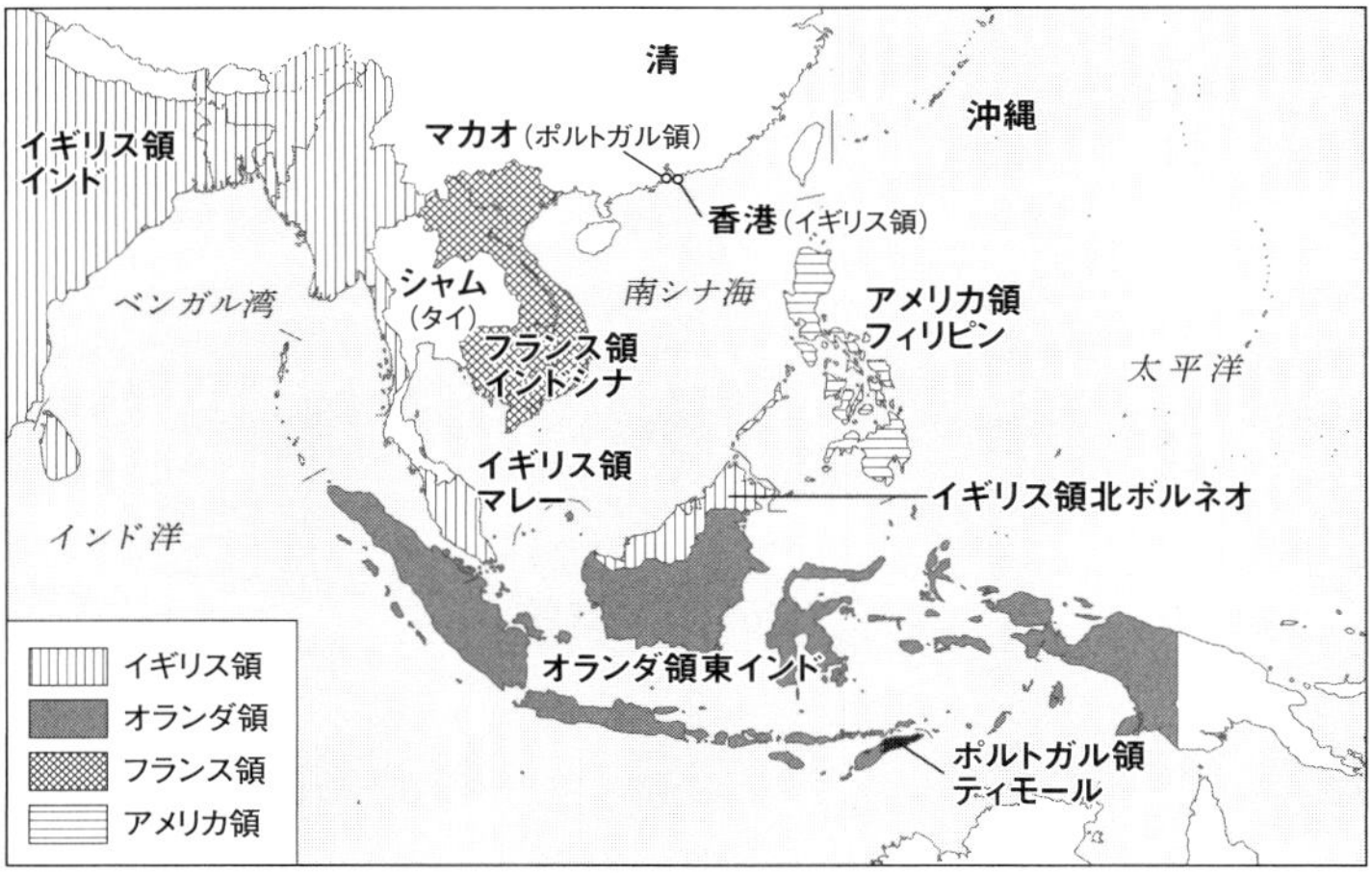

悟りを開くことができるのだと説きます。

大乗仏教は、出家しない普通の人も救うことができるよう、ブッダの教えを大衆に広めることを目指します。

インドシナ半島では、上座部仏教が広まっていきます。一方、大乗仏教は中国に渡り、朝鮮半島を経由して、日本にやってきました（p171地図⑥）。

たとえば、日本のお寺は、古びて落ち着いた雰囲気でしょう。でもタイでは、日本人の感覚からすると、これがお寺なの？　というくらい、金ピカで豪華絢爛《けんらん》な装飾に驚きます。

インドネシアは、イスラム教徒が圧倒的に多い国です。イスラム教はアラビア半島のメッカで始まって、それが中東の貿易商人によって、どんどん東へと渡ってきました。つまり、イスラム商人とともにイスラム教が東南アジアにやってきたのです。

インドネシアというのは、インドの島々という意味です。もとは仏教徒が多くいたのですが、イスラム教に改宗していきました。世界遺産にもなっているジャワ島のボロブドゥール遺跡のような仏教寺院も残っていることから、昔は仏教が盛んだったことをうかがい知ることができます。

一方、ヒンドゥー教もインドからインドネシアに広がっています。イスラム教の勢力はバリ島の手前でとどまり、バリ島までは達しなかった。だから、インドネシアでも日本人の観光客が大勢訪れるバリ島には、ヒンドゥー教徒が多いのです。

インドネシアはイスラム教徒が圧倒的ですから、豚肉を食べることはほとんどできないのですが、バリ島だけはヒンドゥー教の文化圏なので豚肉を食べることができるし、お酒も飲める。サテと呼ばれる肉の串焼きはインドネシアの名物料理ですが、バリ島ではほかの島では食べられない豚肉のサテもちゃんとラインナップされています。

一方、キリスト教も西欧列強の植民地政策によって、東南アジアに広がっていきます。かつてスペインに支配されていたフィリピンや、ポルトガルに支配されていた東ティモールは、今もカトリックが中心です。

結果的に、東南アジアというのは、仏教、ヒンドゥー教、イスラム教、キリスト教とさまざまな宗教が混在する地域になったのです。これがEUとは大きく違う点です。

EUは、加盟国すべてキリスト教の国です。カトリックもあれば、プロテスタントもある。東ヨーロッパ諸国の東方正教もある。宗派は異なっても、すべてキリスト教という同じ文化のうえに、EUは成り立っているのです。

トルコもEUに加盟したいとずいぶん前から言っています。ところがEU側は、いろんな難癖をつけて、トルコを受け入れようとしない。なぜか。根っこにあるのはトルコがイスラム教の国だからなんですね。

宗教において、ＥＵは共通している。ところが、東南アジアは、宗教もさまざまであり、政治体制も多様です。王様がいる国もあれば、選挙でリーダーを選ぶ国もある。独裁政権の国もある。共通する何かを持たないため、ひとつにまとまるのが難しい。それが東南アジアの特徴なのです。

東ティモールで独立運動が起こった

東南アジアは、ヨーロッパの列強によって植民地支配をされたことによる、さまざまな歴史的な悲劇があります（p25地図③）。東ティモールもそのひとつです。正式には、東ティモール民主共和国。インドネシア諸島東部のティモール島の東半分を占める小さな国です。

この国の言語を見てみると、テトゥン語とポルトガル語が国語。そしてインドネシア語と英語を実用語としています。

国語と実用語はどう違うのか？　なぜ四つも言語があるのか？　その歴史を説明しましょう。それこそ東ティモールが植民地支配をされたり、他国に占領されたりした悲しい歴史の名残なのです。

もともと東ティモールは、４００年にわたってポルトガルの植民地でした。東ティモールのすぐ西側のインドネシアはオランダの植民地でした。オランダとポルトガルが植民地を奪い合って、ポルトガルが、ティモール島の東端のところだけを占領したのです。

太平洋戦争が起きると、一時的に日本軍に占領されますが、日本が負けて出ていったあと、再びポルトガルによる支配を受けます。

当時のポルトガルは独裁政権でした。ところが１９７４年に独裁政権が崩壊。民主主義の国になった途端、海外に植民地を持っているのはおかしいだろうということになり、植民地を放棄すると決めました。

その決定自体はいいことなのですが、植民地を放棄したあと、国をどうするか、なんの政策もとらなかった。ただ、逃げるように引き揚げたのです。

西側のインドネシアはこれを好機として、ポルトガルが去ったあとの東ティモールを占領します。国連はインドネシア軍の即時撤退を要求しますが、インドネシアは応じません。東ティモールを27番目の州にしてしまいました。インドネシアに占領されてしまった東ティモールの人たちは、自分たちの国をつくりたいと独立運動を始めました。

どこの国でも、独立運動の指導者は、それなりの教育を受けた学歴の高い人が多いものです。東ティモールはポルトガルによって占領されていたので、東ティモールのエリートの多くはポルトガル語の教育を受けたり、ポルトガル本国で大学教育を受けたりしていました。彼らは、他国に亡命し、そこから東ティモールの独立運動を指導しました。

一方で、インドネシアによる占領下で独立運動をする人たちは、ティモール島東部の山岳地帯の方言、テトゥン語を使いました。なぜか？　インドネシアの人たちは、当然テトゥン語は理解できません。テトゥン語を使って反政府活動をすることで、インドネシア軍に対して情報が漏れることを防いだのです。

インドネシアに対する独立運動の間には、非武装で無抵抗な若者たちがインドネシア軍に大量に虐殺されるという悲惨な事件も起こりました。１９９８年、インドネシアで民主化運動が起こり、長期独裁政権を続けていたスハルト大統領が失脚。後任の大統領は東ティモールの住民の意見を聞くための住民投票

写真①—東ティモールで武器を手に独立反対派と衝突する独立支持者たち（1999年8月）
｜写真提供：AFP＝時事

を行いました。住民の大多数が独立に賛成という結果が出ると、独立反対派が賛成派を襲撃。建物を焼き、住民を殺害します（写真①）。

その時、独立反対派が使っていた武器はインドネシア政府軍と同じものでした。東ティモールにはインドネシア政府軍が駐留していました。政府軍は独立には反対で、住民を守るどころか独立反対派に武器を提供するなど、積極的に裏で支援していたといわれています。

この惨状に驚いた国連は、加盟国の軍隊（オーストラリア軍）を派遣して治安の維持に当たります。その結果、ようやくインドネシア政府軍は引き揚げ、２００２年５月、東ティモール民主共和国として独立しました。

ふたつの国語と実用語をもつ理由

国連主導のもと、東ティモールで新しい国づくりが始まりました。まず、議会をつくり憲法を制定します。そこで問題になったのが、自国の言葉をどうするか、という問題です。

Q 日本の国語は何だと思いますか？

――日本語です。

そう思うでしょう。小学校の授業でも、国語といえば日本語です。でも法律には、日本語を国語にする、公用語にするとは定められていません。

それはわざわざ日本語が国語であると規定するまでもなく、みんな日本語を話すのが当たり前だから、日本の国語といえば日本語だという共通認識がある。これは、ある意味では、幸せなことですよね。

東ティモールでも、何を国語に制定すべきかという議論が起きました。この時に、独立を勝ち取った指導者たちは、ポルトガル語を話していました。だから、ポルトガル語を国語にしようとします。でも、東ティモールの中で反政府活動をしていた一般庶民がしゃべっていた言葉はテトゥン語です。そこで、このふたつを国語にしようと決めました。

ところがインドネシアに占領されている間に、一般庶民はインドネシア語をしゃべるようになっていた。国語をポルトガル語とテトゥン語だけに決めたら、意思疎通ができない人も出てきます。それでは困るでしょう。

そこで国語のほかに実用語を制定して、ふたつに分けたんです。国語はテトゥン語とポルトガル語。実用語としてインドネシア語の使用が認められました。だから、学校の授業ではポルトガル語かテトゥン語を使う。しかし、日常ではインドネシア語で話してもいいですよということになったのです。

２００２年に東ティモールが独立する時に、これからの国際社会では英語が重要になるから、英語を国語として制定してはどうかという議論もありました。

Ｑ しかし、英語を国語とすることには大きな問題がありました。なぜだかわかる人？

――英語を国語にすると、国民全員に一から英語教育をしないといけないから。

なるほど。そういうことも考えられるね。教育には、お金も時間もかかる。でももっと大きな問題があったんだ。ヒントは、地図で東ティモール周辺をよく見てください。

――オーストラリアとすごく近いです。

そう。東ティモールのすぐ南側を見ると、オーストラリアという大きな国がある。オーストラリアは英語圏の国です。英語を国語にしてしまうと、オーストラリアの影響を強く受けすぎて、文化的な面でオーストラリアの属国になってしまうのではないかという危惧があったのです。

だから英語を国語にはしない。だけど、これからのことを考えたら、英語が話せたほうがいい。そこで英語を実用語としました。かくして、国語は、テトゥン語とポルトガル語、実用語として、インドネシア語と英語が認められたのです。

自国語で高等教育が受けられる幸せ

東ティモールの学校では、子どもたちは当然テトゥン語やインドネシア語でしゃべっています。ところが高等教育を受ける段階になると、問題が起こりました。テトゥン語やインドネシア語には学術用語というものがありません。結局、ポルトガル語を使わないと高等教育が受けられない。そういうジレンマに陥りました。

日本の大学だと、日本語で授業を受けられるでしょう。明治の初めに高等教育を日本で始めようとした時、当然海外の学術用語は日本語にありません。

そこで、海外の学術用語を全部日本語に翻訳していったんです。たとえば、「フィロソフィー（philosophy）」を「哲学」と訳したり、「エコノミー（economy）」を「経済」と訳したり、言葉を一つひとつ日本語に置き換えて、日本語の学術用語をつくっていったのです。

最初のうちは、東京帝国大学（現東京大学）もお雇い外国人の先生が英語やドイツ語で授業をしていた。でも学術用語を翻訳し新しい日本語をつくっていったことで、日本語で大学教育が受けられるようになったのです。

一方、東南アジア各国の大学生はみんな英語がペラペラ。日本の大学生は英語がちっともできない。それは、東南アジアの国々は、自国語で高等教育を受けることができないからです。英語で授業を受けざるを得ないという状況の結果、エリート層は英語が堪能になったのです。

日本は、日本語で高等教育を受けることができるので、皮肉なことに英語力が十分ではありません。しかし自国語で高等教育を受けられるというのは、とても幸せなことなのです。東ティモールの歴史を見ると、そのことを実感します。

私は、独立直前の東ティモールを訪れたことがあります。小学校の朝礼風景を見ていたら、日本の小学校とまったく同じ。みんな行儀よく並んで、前へならえをしていました。なぜ東ティモールの小学校で日本式の整列をやっていたのか？

インドネシアに占領されていた時に、「インドネシア風」の朝礼をやらされたわけですね。では、インドネシアでなぜそんな朝礼をやっているのか。それは日本に占領されていた時に、日本式の整列方法を導入したから。それがいまだに続いているのです。

——高等教育をポルトガル語で行うとテトゥン語がなくなってしまうかもしれません。高等教育を日本のように工夫してテトゥン語に変えていこうという動きはないのですか？

テトゥン語というのは、山岳地帯の方言のようなものだから、語彙《ごい》が少ないんです。本当に基本的な言葉だけしかない。

日本の場合、明治時代に外国からいろんな言葉が入ってきました。その時、西周《にしあまね》という学者が試行錯誤して、さまざまな言葉をつくり出しました。先ほどの「哲学」や「経済」のほかにも「意識」「権利」などの言葉を西がつくり出したといわれています。森鷗外《もりおうがい》や夏目漱石《なつめそうせき》などの作家たちも、新しい言葉をたくさんつくり出しました。

日本は、漢字文化圏です。日本語にない言葉を訳す時には、中国語を参考にしました。「エコノミー」の場合、中国には世を治め、人々を豊かにするという意味の「経世済民《けいせいさいみん》」という言葉がある。それをもとに「経済」という言葉に訳したのです。日本語にない言葉に出合うたびに、新しい言葉を考えてきたのです。

テトゥン語の場合は、残念ながらそういう背景がありません。ポルトガル語をそのまま覚えたほうが早いのです。

日本軍の影響が今も残っている

東南アジアに行くと、日本が太平洋戦争中に占領した影響がいろいろなところに残っています。たとえば、ミャンマー軍の行進曲は日本の『軍艦マーチ』です。以前はこの曲が日本のパチンコ屋さんから威勢よく聞こえてきたものですが、『軍艦マーチ』がミャンマー軍の行進曲です。

その理由を探ると、日本が中国と日中戦争を戦い、太平洋戦争へ突入した時代にさかのぼります。ミャンマーはまだ「ビルマ」と呼ばれていて、イギリスの植民地でした。

アメリカやイギリスは、蔣介石《しょうかいせき》の中国を軍事支援するためのルート、いわゆる「援蔣《えんしょう》ルート」（地図④）のひとつとして、イギリスが支配するビルマを使っていました。

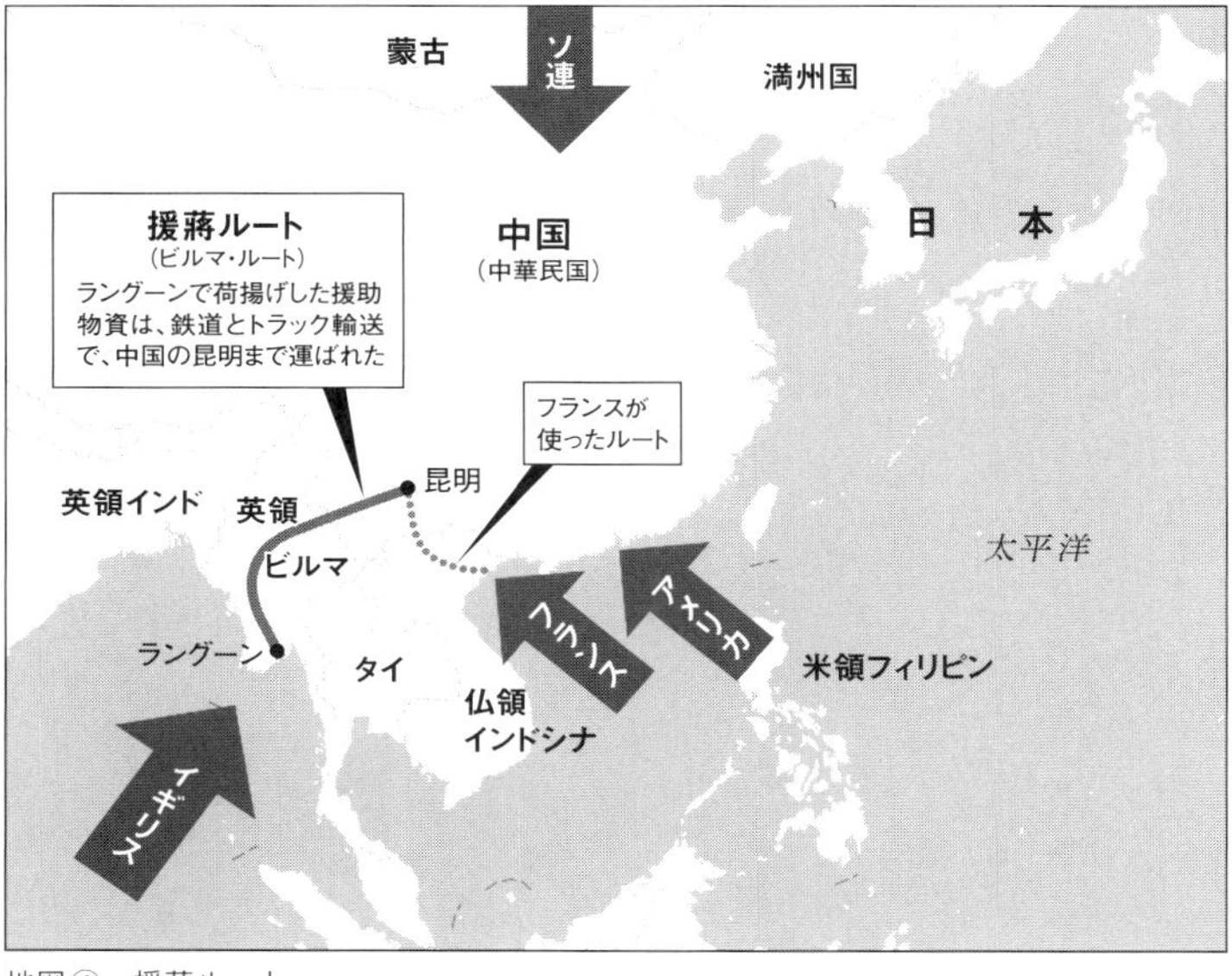

地図④—援蔣ルート

日本軍にとって、中国へ援助が渡ることは好ましくない。どうしても中国への軍事支援ルートを断たなければなりません。

そこでビルマ攻撃を計画します。その時に、ビルマの中ではイギリスからの独立運動が展開されていました。あとの章で話しますが、独立運動のリーダーだったのがアウンサンです。

日本軍はアウンサンたち独立運動家を利用して、「援蔣ルート」を断とうと考えます。具体的にどうしたのか？　ビルマの独立運動を戦っている人たちを軍人として養成した。つまり日本がビルマ軍の基礎をつくったその名残が『軍艦マーチ』というわけです。

日本がなぜビルマを占領したのか。そもそも、なぜ日本は東南アジアへと侵攻したのか。その背景には、日中戦争の激化があります。日中戦争がどんどん拡大していくことに対して、連合国軍のアメリカ、イギリス、オランダなどが日本に対する経済制裁を行いました。中国（China）とこの3国（America, Britain, Dutch）の頭文字を組み合わせて「ＡＢＣＤ包囲網」と呼ばれます。

Q 戦争中、どんなものが手に入らなくなったら日本は困りますか？

――軍艦や戦闘機を動かすための石油です。

正解です。今でこそ、日本は中東から石油を輸入していますが、その頃、中東ではまだ油田開発が行われていなかった。第二次世界大戦当時、最大級の産油国といえばアメリカとインドネシアだったのです。

日本はアメリカから石油を大量に輸入していました。ところが、日中戦争に対して、アメリカが経済制裁を発動。日本に石油を輸出しないと決めます。

このままでは日本軍は、日中戦争を戦うことができなくなります。なんとかしなければいけない。そこで目をつけたのが、インドネシアの油田です。

インドネシアを攻撃して占領し、石油を日本に持ってくればいいという計画を立てます。石油を我がものにするためインドネシアごと占領する。この発想がすごいでしょう。

日本軍は、インドネシアを攻撃するための作戦を考えます。インドネシアはオランダの植民地です。そこを攻撃するということは、オランダを攻撃することと同じです。

近くのシンガポールには、イギリス軍の基地があります。インドネシアを攻撃しようとすると、イギリス軍がオランダの味方をして、妨害してくるだろう。それを阻止するためには、まずシンガポールを叩いてから、インドネシアへと歩を進めるのがいい。しかし、シンガポールを真正面から攻撃すると、イギリス軍が激しく抵抗する。マレー半島に上陸して背後から突けば、シンガポールを落とすことができるだろう。

しかし、シンガポールを攻撃してイギリス軍との戦闘状態に入ると、今度はハワイにあるアメリカ軍の太平洋艦隊がイギリスを助けるためにやってくるはずだ。その前に真珠湾のアメリカ軍の太平洋艦隊を叩いておこう。かくして真珠湾攻撃が始まり、太平洋戦争へと突入することになるのです。日中戦争を戦う日本への制裁が、やがては太平洋戦争を引き起こす原因となったのです。

真珠湾を攻撃した日本軍の連合艦隊は、択捉島《えとろふ》から出撃しました。現在の北方四島のひとつです。当時、南千島と呼ばれていた北方四島や千島列島は日本の領土でした。アメリカ軍もまさか択捉島から出撃してくるなどと想定していないだろうと考えたのです。

Q では、シンガポールやマレーシアへは、どこから出撃したのでしょう。

——沖縄からだと思います。

残念ながら違うんだな。実はベトナムから出撃したんです。なぜベトナムから、と思うでしょう。当時のベトナムはフランスの植民地でしたが、日本軍が占領していたのです。どういうことかというと、第二次世界大戦の時、日本はドイツ、イタリアと三国同盟を結んでいました。ヨーロッパで勢力を拡大していたドイツがフランスを占領します。

日本はドイツの同盟国です。ドイツがフランスを占領したのなら、フランスの植民地であるベトナムはドイツのかわりに日本が占領しよう。非常に勝手な言い分なのですが、日本はベトナムを占領し、日本海軍の戦艦を停泊させていた。これがシンガポール攻撃につながっていきます。

日本がシンガポールを占領した時に、日本軍による中国系シンガポール人の虐殺という事件が起こります。犠牲者の数は、数千人ともいわれています。

「ラッフルズ・ホテル」という有名なホテルがあります。イギリスの支配下時代につくられたホテルなので、アフタヌーンティーなどイギリス式の習慣が優雅に体験できて、日本人の観光客にも人気のホテルです。

その「ラッフルズ・ホテル」から斜め向かいの広場を見ると、塔が建っていることに気

写真②—シンガポールにある、戦死者慰霊碑。碑の向かって右下にラッフルズ・ホテルが見える｜写真提供:時事通信社

づきます。日本がシンガポールを占領した時に虐殺された人々の慰霊碑（p41写真②）です。その下には、犠牲者の遺骨が納められています。悲惨な事件を忘れないようにという思いですね。ただ、この慰霊碑を建設するにあたっては、日本も協力しています。東南アジアの国々には、日本が占領していた時の爪痕が残っているのです。

日本軍は、アジア侵攻にあたって「大東亜共栄圏」という言葉を旗印にしました。それには「日本は東南アジア諸国の独立を支援する。互いに協力して東アジアに大きな経済圏をつくっていこう」という意味が込められていると言っていたのですが、実のところは日本による占領

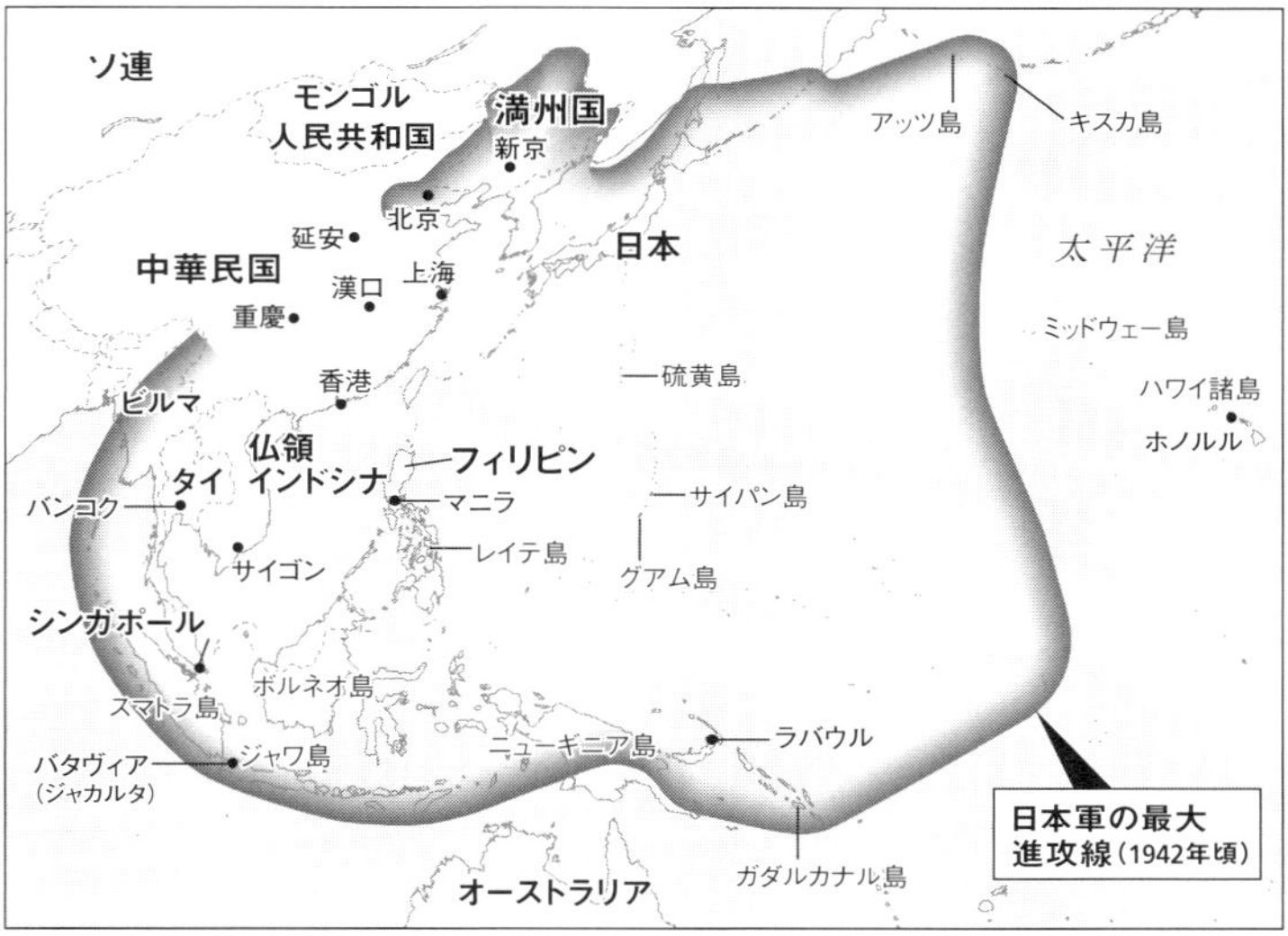

地図⑤―太平洋戦争での日本の動き

支配だったのです。
「大東亜共栄圏」という言葉は、東南アジアの国々にとっては日本による侵略の歴史の象徴でもあるのです（地図⑤）。

戦時賠償金から、ODAへ

現在ASEAN諸国は、経済が急成長しています。日本はASEAN諸国とFTA（Free Trade Agreement）、つまり自由貿易協定を結んでいます。その中で、うっかり日本がASEAN諸国と経済的に協力して「共存共栄」を目指そう、と口にしようものなら、「日本は、再び大東亜共栄圏をつくろうとしている」と警戒されかねません。

ASEAN諸国と日本がお互いにいい方向で経済協力をしていこう、そして発展していこうという思いはよいのですが、日本がASEAN諸国に対して経済的な影響力を高めていくと、ASEAN諸国の人々の中に「大東亜共栄圏」の悪夢が蘇ってくる可能性もあるということを、私たちはしっかり理解しておかなければなりません。

日本の学校の授業では、太平洋戦争の時に日本が東南アジアで何をしたのか、詳しく教わりません。だから、みなさんが知らないのは仕方ない。でもシンガポールの人たちは、日本が攻めてきた時に虐殺が行われたことを知っています。

みなさんが、東南アジアの人たちと知り合いになった時に、太平洋戦争で日本が東南アジアで何をしたのかを知らないと、さまざまなトラブルの原因になるかもしれない。これから社会に出ていくうえで、日本と諸外国の関係や歴史は、きちんと学んでおいたほうがいいと思います。

――第二次世界大戦で、日本は負けますよね。侵略を受けた東南アジアの国々と日本の関係は戦後どうなったのですか?

いい質問ですね。戦後、日本と東南アジア諸国がどういう関係になったのか。日本軍によって大勢の人たちが死んだのですから、国としてその償いをしなくてはなりません。日本は東南アジアの国々を占領したことに対して、戦後、賠償金を支払います。

たとえば、フィリピンを舞台に日本軍とアメリカ軍が激しく戦いました。戦場となった結果、まったく無関係のフィリピンの人たちが大勢死にました。フィリピンに迷惑をかけましたと、日本はフィリピンに5億5000万ドルの戦時賠償金を支払っています。

ベトナムに対しても同様です。インドシナ半島を日本軍が占領した。その賠償金として3900万ドルを支払いました。フィリピンとベトナムに対する賠償金は、サンフランシスコ講和条約に基づいて取り決められました。

また、インドネシアとビルマに対しては、個別の平和条約を結び、それぞれ2億230８万ドルと2億ドルを支払いました。たとえば、バリ島で最初の五つ星ホテルであるバリ・ビーチホテル（現イナ・グランド・バリ・ビーチホテル）は日本の戦時賠償金によって建てられたものなのです。

一方で戦時賠償請求権を放棄した国もあります。ラオス、カンボジア、マレーシア、シンガポールです。これらの国に対しては、経済協力として支援金を支払っています。その総額が、２３２７万７７９３ドル。経済協力は賠償金を払った国にも行われていて、それを合計すると３億８１８５万８４１７ドルです（p46図表①）。

戦時賠償から始まって、かたちを変えて今も続いているものがあります。それがＯＤＡ（Official Development Assistance 政府開発援助）です。戦後日本は急激な復興を遂げ、高度成長を経てどんどん豊かになっていきました。豊かになった日本は、途上国である東南アジア諸国が発展していくために、さまざまな支援を行います。ＯＤＡで東南アジアの国々を支援していくことになるのです。

東南アジアの国々へ行くと、「日本の人たちの援助でつくられた橋です」とか「日本の人たちの援助でつくられた道路です」とかいう看板が日の丸と一緒に立っています。そういうものを目にすると、なんとなく私は誇らしい気持ちになるのですが、もともとは日本

図表①—**日本の東南アジア諸国に対する戦後処理** | 出典:外務省

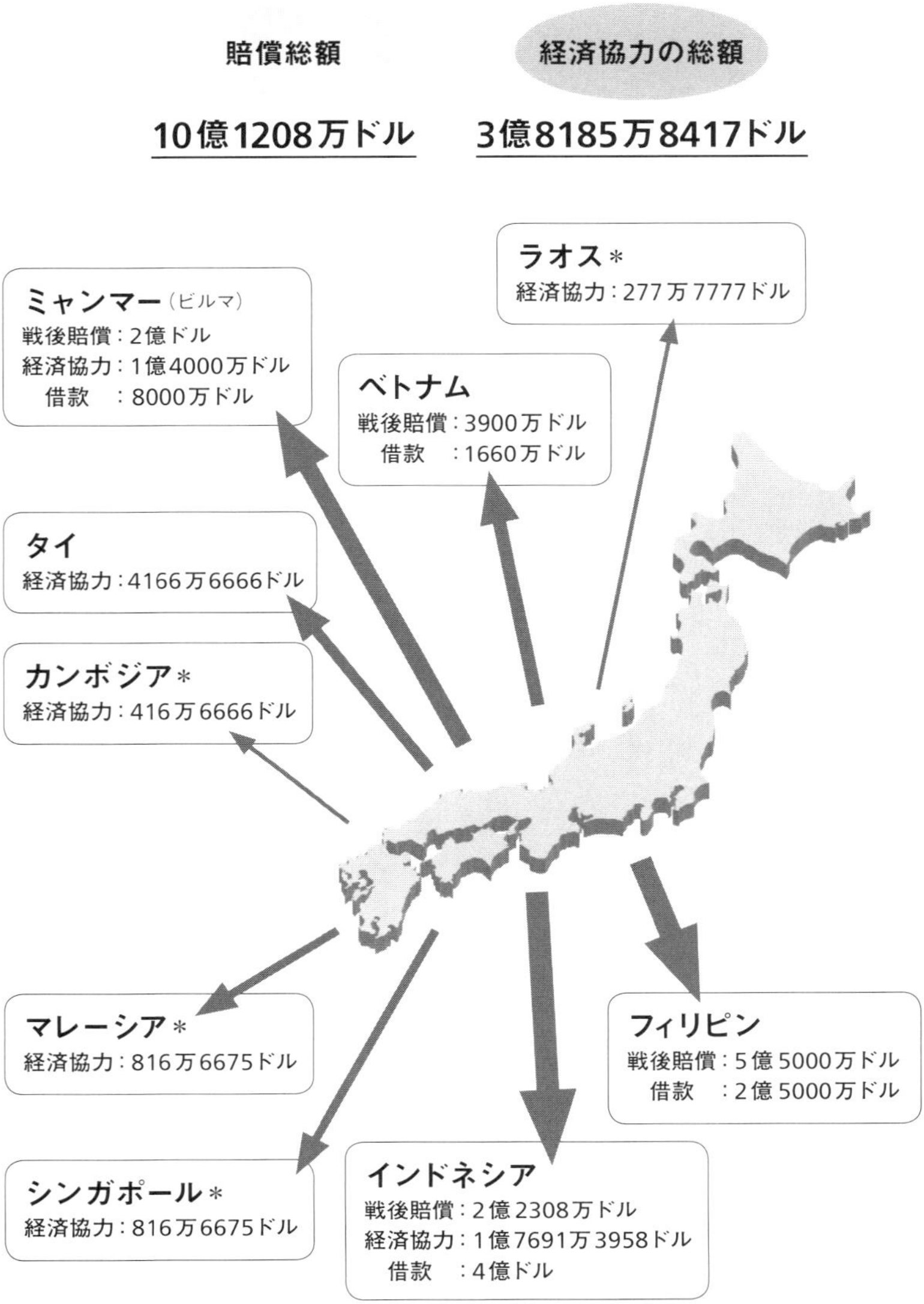

＊は戦後賠償の請求権を放棄した国。タイは賠償の対象国ではないが、戦時中日本軍が円建てで物資調達をしたことへの補償がなされた

の戦時賠償から始まったのだ、ということです。

――日本の戦時賠償は、今ODAに替わっているとおっしゃいましたが、戦時賠償は全部払い終えているのですか？

はい、払い終わっています。日本は、戦時賠償金をかなり値切ったんです。終戦後しばらくは日本もとても貧しかった。だから、できるだけ賠償金を少なくしてもらおうとしたのです。

フィリピンの場合、要求額の10分の1ぐらいで妥結しました。でも、日本側にも後ろめたい気持ちがあったのでしょう。戦時賠償金は終わったけど、今後もいろいろ協力しましょうという姿勢を打ち出して、その後のODAへとつながっていったのですね。

チャイナ・プラス・ワンで注目を集める

戦後、日本企業は東南アジアへと進出していくことになります。

Q チャイナ・プラス・ワンという言葉を聞いたことがあると思いますが、どんな意味か知っていますか？

――チャイナ、つまり中国が経済成長して人件費などが高くなってきたので、工場などが海外進出する場合、中国だけに依存しないように、他の国にも目を向けようという考え方です。

そのとおりです。詳しく説明しましょう。

チャイナ・プラス・ワン、中国以外にもう1か国というのは、どういうことか？　日本企業は労働力の安かった中国に工場を建てて進出していきました。ユニクロを経営するファーストリテイリングがいい例ですよね。ここではわかりやすくユニクロと呼びます。ユニクロの場合は、中国の工場と契約を結んで、現地で生産した製品を日本に安く輸入し、それを売るという仕組みを取っています。

製造原価が安いから、商品も安い。しかもユニクロの製品は、品質もいいでしょう。普通は、安かろう、悪かろうなのですが、どうしてそういうことができるのか。

中国の工場で徹底的な生産管理、品質管理を行っているんです。君たちもおそらくTシャツなどのユニクロの製品を持っていると思います。その製品にはタグがついています。買ったあとには、そのタグをはずしてしまいますが、捨てる前によく見てください。タグにいろんな記号や印がついていることに気づくはずです。

たとえば、買ったTシャツが不良品だった場合、お店に持っていってちゃんとしたものと交換してもらうよね。お店に持ち込まれた不良品は、タグに記された情報によって中国のどこの工場のどの生産ラインでつくられたか、ただちにわかる仕組みになっています。問題のある生産ラインを突き止めて、品質管理をさらに徹底する。その繰り返しによって、高品質を保っているのです。

日本だけではなく、世界各国の企業が中国に生産拠点を持ってきました。それが「世界の工場」と呼ばれるゆえんです。

でも、中国一国に依存するのはリスクが大きい。たとえば、いきなり反日運動が盛り上がって、日中関係が急激に悪くなることがあるかもしれない。中国の工場だけに頼っていると、生産がストップしてしまう可能性もある。

さらに、昔は中国の労働賃金はものすごく安かった。しかし今ではGDPで日本を抜いて世界第2位の大国になった中国です。人件費も高騰し、生産コストがどんどん高くなってきた。これでは、安く製品をつくり続けることはできません。

企業の中で、中国以外にも工場をつくったほうがいい。中国以外の国の工場に生産を委託しようという動きが出ています。これがチャイナ・プラス・ワンです。

チャイナ・プラス・ワンで、まず注目されたのがベトナムです。日本による占領の歴史もありますが、フランスからの独立に日本軍が力を貸したということもあって、日本とベトナムはそんなに悪い関係ではありません。

当初は中国よりはるかに人件費が安かった。一時期メイド・イン・ベトナム製品が多く流通していました。しかし、日本の企業が進出すると、その国の経済も成長していきます。現在ベトナムの人件費は、急激に上がっています。

ベトナムの次はどこか。今ではカンボジアやミャンマー（写真③）、バングラデシュにまで進出しています。

バングラデシュには、ユニクロの工場があります。ユニクロは、日本だとカジュアルで手頃なファストファッションのブランドでしょう。しかし、バングラデシュのような貧しい国の人たちにとって、ユニクロは高級ブランドなんです。

バングラデシュにあるユニクロの1号店を

写真③—ミャンマーにある日本企業の縫製工場で作業する現地従業員｜写真提供：共同通信社

訪ねたら、そこは若い人たちのデートスポットになっていました。お店には日本円にして500円くらいのTシャツが並んでいる。でもバングラデシュの一般の人たちには、とても高くて手が出ません。だから若いカップルは、憧れのブランドを見ながらデートしているのです。

これは第二次世界大戦後、日本がたどった道でもあるのです。1945年、戦争が終わった日本でまず栄えたのは、石炭産業や繊維産業でした。石炭産業はエネルギー革命によって、石油に取って代わられます。繊維産業においては、人件費の安かった日本は世界の工場になっていました。やがて日本の人件費が高くなると、工場は韓国や台湾に移っていきました。同じことが、今、東南アジアの諸国で起きているということです。

そして、経済発展のレベルは違いますが、東南アジアの国々の中でも、豊かになった人たちが海外旅行に出かけています。

アメリカやヨーロッパは遠いですよね。それに比べれば、日本は近い。東南アジアの国々にとって憧れの国である日本に旅行しよう、あるいは留学しようという人たちが、増えているのです。日本で東南アジアの人たちを見かけることが多くなったのには、こういう背景があるのです。

ファストファッションがなくなる？

――ユニクロなど中国に進出した企業が人件費の高騰によって、ベトナムやカンボジアなどへ移っていったけれど、中国に建てた工場は、今はどうなっているのでしょうか。日本が残した技術など、中国の発展に貢献しているのかなとも思うのですが……。

中国は世界の工場と呼ばれるほど各国から企業が進出してきました。ユニクロだけではなく、世界のさまざまなブランド品も中国の工場でつくられていました。その結果、中国は品質管理のノウハウをすっかり身につけた。現在の中国では、自国の企業による高品質の製品が次々つくられています。最初はブランドものそっくりなパクリだったのですが、やがて衣料はもちろん電化製品なども文字どおり「メイド・イン・チャイナ」の品質のいいものが次々にできてきています。

これらの製品は主にアメリカに向けて輸出されています。アメリカにはウォルマートというスーパーマーケットチェーンがあります。ここにはメイド・イン・チャイナの商品があふれています。ベトナムやミャンマー、カンボジアでもこれから中国のように、その国独自の高品質な製品をつくり始めるでしょう。

――バングラデシュは、アジア最貧国ともいわれていますよね。もしバングラデシュでも経済が発展して人件費が高騰した場合、ユニクロなどの企業はどこに工場を持っていくのですか？

当然、そういう質問が出るだろうと思っていました（笑）。だから、さっきはその先まで話さなかったのですが、バングラデシュも経済成長をしています。そこから先はどうなるのか。中東やアフリカなどの国の中には、まだ人件費の安いところはある。でも、そういう地域にはものづくりの伝統がないんですね。

たとえば、中東。長い歴史の中で、中継貿易というかたちで発展してきた。そう、シルクロードの中継地だったところが多いのです。中東には、工場でものをつくるという伝統がほとんどありません。アフリカも、まだ製造業の種がまかれていない。だからバングラデシュまで行ったら、現状だともう打ち止めです。しばらくは、生産コストがどんどん上がるでしょう。

ユニクロにかぎらず、H&MやZARAなどのファストファッションの製品価格が高くなるのは仕方ないことだと覚悟しておいたほうがいいでしょう。あと何年か経って、アフリカでものづくりが始まった時、価格はどうなるでしょう。

私たちがファストファッションの洋服を安く買えている裏側には、低賃金で働いている人たちがいる。言わば、ベトナムやカンボジア、バングラデシュなどの人たちの犠牲の上に成り立っているのです。それらの国々が発展することによって、ファストファッションの価格も高くなる。私たちは、それを正しく理解しなければいけないでしょう。

日本がＯＤＡを続ける理由

――日本がＯＤＡで東南アジアの国々にお金を渡していますが、もしこのまま東南アジアのほうが発展を続け、経済的に強くなってしまったとしても、日本は支援し続けるのでしょうか？

それはしないでしょう、当たり前のことですが。東南アジアでも、タイに行くと経済が急成長し発展している様子を目にします。先ほど、タイのＭＲＴ（地下鉄）の話をしてくれた人がいましたよね。実は、ＭＲＴも日本の援助によってつくられているのです。

ここまでＯＤＡとひとくくりに話してきましたが、日本のＯＤＡには無償協力、有償協力、技術協力の三つの種類があります。

無償協力とは、言葉どおり返済の必要のないお金をあげることです。日本は、無償協力はほとんどしていません。有償協力、つまり「低金利でお金を貸してあげますが、将来利息をつけて返してください」というのが、日本の基本的なやり方です。

そして、技術協力は日本の技術、技能、知識を伝え、その国の発展の担い手となる人材を育成することです。

ヨーロッパの国々からは、有償協力で貧しい国に金を貸しつけて、返せというのはおかしい。お金をあげればいいじゃないかと批判をされるのですが、あえてこの方法を取っているのには理由があります。実は、日本自身の経験に基づいているのです。

日本は敗戦後、世界銀行からの融資を受けて復興に取りかかります。１９６４年の東京オリンピックの時には、東名高速道路、名神高速道路、東海道新幹線などの社会的なインフラが世界銀行の融資によって建設されました（p56図表②）。

つまり日本は世界銀行にお金を返さなければならない。だから、その後も一生懸命働いてお金を返すことができた。もし、ただでもらうと、返さなくていいのですから無駄遣いをしてしまう。返さなければいけないというプレッシャーがあるほうが、長期的に見てその国のためにはいいことなんだ、というのが日本の考え方なのです。

あまり知られていませんが、ＡＳＥＡＮ諸国に融資したお金のかなりの部分がすでに戻ってきているのです。ＡＳＥＡＮ諸国自体が経済的に発展すると、日本としてはＯＤＡを行う必要がない。現在では、ＡＳＥＡＮへの援助を減らして、ＯＤＡの軸足を中東やアフ

図表②—**日本が世界銀行から受けた主な融資プロジェクト** | 出典：世界銀行HP

調印日	受益企業	対象事業	融資額(米ドル)	備考(目的・補足)
1953年10月15日	関西電力	多奈川火力発電2基	2150万ドル	世銀の日本に対する初めての貸出案件(ほか九州電力、中部電力も同時に調印)
1956年2月21日	三菱造船	長崎造船所ディーゼルエンジン製造設備	150万ドル	同時に日本鋼管、トヨタ自動車、石川島重工も工場拡張などのために融資を受ける
1957年8月9日	愛知用水公団	愛知用水事業分	700万ドル	干ばつ、水不足の多い地域の農業・産業・生活への安定した水供給
1958年6月13日	関西電力	黒部第四水力発電3基	3700万ドル	関西の主要産業である鉄鋼・造船・繊維業への電力供給
1958年8月18日	神戸製鋼	灘浜工場800トン高炉、脇浜工場製鋼	1000万ドル	この年、このほか3件の鉄鋼業への融資を受ける
1960年3月17日	日本道路公団	尼崎ー栗東間高速道路(名神高速道路)	4000万ドル	名神高速道路事業への融資は合計2回、総額8000万ドル
1961年5月2日	日本国有鉄道	東海道新幹線	8000万ドル	鉄道技術の粋を集めた、総工費3800億円の一大プロジェクト
1963年9月27日	日本道路公団	東京ー静岡間高速道路(東名高速道路)	7500万ドル	東名高速道路事業への融資は合計4回、総額3億ドル

世界銀行が日本に対して行った貸し出しは、1953年から66年までで合計31件、総額は約8億6300万ドル。日本は1990年7月、これら全部の返済を完了した。

名神高速道路と交差する東海道新幹線

日本初アーチ式ドーム越流型ダムの黒部第四ダム

リカに移しつつあります。

――日本は世界でもトップレベルの借金大国だといわれています。それなのにODAで海外にお金を融資し続けるのはなぜですか？

これはよく聞かれる質問ですね。

日本には1000兆円を超える借金があって、毎年増え続けています。国民ひとりあたりにすると800万円といわれて、一般家庭の家計で考えたら絶望的な数字じゃないかという議論も起こっていますよね。

でも一方で、この地球上にある先進国として責任を考えてみましょう。日本はどうして先進国になることができたのだろう。もちろん自国の努力の賜物ではあるけれど、先ほど話題になったファストファッションの工場の件でも明らかなように、途上国との経済格差を利用した貿易によって発展してきたことも事実です。だから、その国々を援助するのは日本の役目ではないかという考え方です。

そこには三つの理由があります。太平洋戦争が終わった直後、日本はとてつもない食料危機に陥りました。餓死する人が出るほどです。アメリカからガリオア資金（占領地救済資金）やエロア資金（占領地域経済復興資金）という緊急援助を受けたり、ユニセフからも援助を受けたりした。学校給食も世界からの援助によって賄われました。

私が小学生の頃、牛乳は贅沢品でした。学校給食には脱脂粉乳という、まずくて飲めないようなミルクが出されました。でも、それによってなんとか栄養を摂ることができたのです。

世界からの援助があったことで、戦後日本人は生き延びることができた。だから、今度は日本が貧しい国に援助するのは当然のことではないでしょうか。

ふたつめの理由は、先ほど言ったように、ＯＤＡで有償援助をした。でも、経済発展した国からはお金が返ってきています。一方的にあげているわけではないのです。

そして戦後、日本がなぜ経済発展したのかというと、インフラに大きな投資をしたからです。世界銀行の援助で、高速道路や新幹線をつくり、港湾を整備した。それによって日本経済の発展の基礎を築くことができたのです。これが三つめの理由です。

日本が東南アジアに対して行っているＯＤＡの多くが、橋や道路などの建設にあてられています。それによって、東南アジアの国々の交通機関や流通システムが整備されます。社会的なインフラができることによって、東南アジア諸国の経済が非常に大きく発展をしている（図表③）。その結果、日本は東南アジア諸国に向けて多額の輸出ができるようになった。日本が行ったＯＤＡが成果をあげて、今や日本と東南アジアは貿易においても非常にいい関係ができています。

図表③—**東南アジア諸国に対する日本のODA実績**(2016年までの累計)
| 出典:外務省

単位:億円

国名	有償協力	無償協力	技術協力
インドネシア	49360.09	2784.50	3778.58
カンボジア	1168.16	1972.40	870.68
シンガポール	127.40	31.17	215.92
タイ	24036.84	1719.15	2555.39
フィリピン	27374.88	2850.83	2464.66
ベトナム	27047.92	1506.44	1762.56
マレーシア	9760.38	146.80	1301.82
ミャンマー	10127.95	2903.87	828.57
ラオス	484.36	1529.73	782.06
東ティモール	52.78	290.32	129.39
ブルネイ	—	—	39.37

●技術協力の詳細

国名	技術協力における人の動き(単位:人)		最近の主なプロジェクト
	研修員受け入れ	専門家派遣	
インドネシア	53800	19128	農産物流通システム改善、医療品・食品の安全強化、造船産業振興
カンボジア	15666	5593	プノンペン市バス運営改善、教育大学設立基盤の構築、出産時ケアの改善
タイ	54068	14524	皮膚科医育成、航空安全管理能力の向上、ASEAN災害医療連携強化
フィリピン	52279	10238	海上法執行に関わる実務能力の向上、洪水予警報のデータ管理能力強化
ベトナム	35742	13776	新卒看護師の臨床研修制度強化、金融政策・経済分析予測能力の向上
マレーシア	23191	4944	高齢化社会に向けたプログラム及び社会的支援の構築
ミャンマー	10443	4550	道路橋梁技術能力の強化、郵便サービスの能力向上、送配電系統技術の能力向上
ラオス	11618	5340	不発弾除去組織における管理能力強化、ビエンチャン市バス公社能力改善
東ティモール	2285	1053	天然資源管理能力の向上、国産米の生産強化による農家世帯の所得向上

*ブルネイは1996年、シンガポールは1998年にODA卒業国となった

ＯＤＡに関連して、もうひとつだけお話ししておきましょう。２０１８年９月末にインドネシアのスラウェシ島で大地震が発生。津波に襲われて、島は甚大な被害を受けてしまいました。

インドネシアも地震の多い国です。２０００年代に入ってからスマトラ島沖で、地震が続発。何度も津波が起こりました。しかし、津波対策ができていなかった。

インドネシアでは、日本の支援によって津波の早期警戒体制を準備しました。東日本大震災より前のことです。

しかし今回それがまったく機能していなかったことがわかったのです。津波が来たら、それをすぐに感知するようなブイを大量にあちこちに置いていたのですが、きちんと管理されていなかったのです。いつの間にか、そのブイが盗まれていたり、古くなって故障したりしていました。その結果、今回、津波の警報がまったく出なかった。ああ、ＯＤＡって、難しいんだなと思いました。

つまり、困っている人がいるから善意で何かを援助しましょうというやり方は、実はあまりうまくいかないんだ、ということです。その土地の人たちが、自らの切実な思いから取り組んで初めて定着する。

日本側が善意でいろんなものをプレゼントしても、それだけで機能するものではないということがわかりました。ＯＤＡもどうやって支援するか、支援の仕方が問われているのです。

第2章
ASEANとベトナム

ベトナムが南北に分断された

ＡＳＥＡＮがインドネシア、マレーシア、フィリピン、シンガポール、タイの５か国により結成されたのは、１９６７年のことです。なぜこの５か国で結成されたのか。実は、共産主義への防波堤としてつくられたのです。どういうことか説明していきましょう。

Q １９６７年といっても、みなさんはピンと来ないと思いますが、その頃、世の中はどんな様子だったでしょう？

――東京オリンピックの開催が１９６４年ですよね。日本は高度成長の真っ只中なので、世界が好景気に沸いていた。

なるほど。確かに日本は高度成長を続けている頃です。でも、東南アジアに目を向けてみると、どうだったでしょう？　答えを出すのはちょっと先に延ばして、まず、東南アジア、特にインドシナと呼ばれる地域の歴史を簡単にたどってみます。

19世紀にインドシナ半島東部地域のベトナム、ラオス、カンボジアはフランスによって植民地化され、フランス領インドシナとなっていました。第二次世界大戦が始まると、ドイツがフランスに侵攻。それに呼応するかたちで、ドイツと同盟関係にあった日本がフランス領インドシナを占領します。

なぜ日本がインドシナを占領したのか。第1章でも少し話しましたが、当時、日本は日中戦争を戦っていました。中国は中華人民共和国ができる前で、蔣介石が率いる中華民国の時代です。アメリカやイギリスなどは、密かに中国を支援していました。フランス領インドシナを経由して中国へ支援物資を運んでいたのです。これが蔣介石を支援するための「援蔣ルート」（p37地図④）です。

日本は日中戦争を有利に戦うために「援蔣ルート」を断ち切ろうと考えました。日本軍はベトナムに進駐します。日本占領下のベトナム国内で独立を果たそうと立ち上がったのが、ベトナム建国の父と呼ばれるホー・チ・ミンです（p74図表④）。ホー・チ・ミンは、ベトナムがフランスの植民地だった時代に、フランス船の見習いコックとしてフランスを訪れ、船員となって世界各地を回っていました。フランスに住んでいた時、マルクス主義に触れ、フランス共産党の創設に参加して共産主義者となりました。その後、ソ連や中国で活動し、1930年に香港でベトナム共産党を結成します。

1941年、ホー・チ・ミンは30年ぶりに母国に戻ります。同年5月、ベトミン（ベトナム独立同盟会）という組織をつくり、日本からの独立運動を始めました。その後、日本軍は戦争に敗れ、ベトナムから撤退。1945年9月2日、ホー・チ・ミンは「ベトナム民主共和国」の独立を宣言します。

ところがそこにフランスが舞い戻ってきて、ベトナムを再び支配しようとします。ホー・チ・ミン率いるベトミンは、今度はフランスに抵抗。1946年12月、独立戦争を始めます。これが「インドシナ戦争」です。ホー・チ・ミンが指導するベトミンを、ソ連と中国が支援。一方、フランスを支援したのがアメリカです。

時はまさに東西冷戦時代。ベトナムで、ソ連とアメリカの代理戦争が行われたのです。戦争はどういう結末を迎えたのか。

1953年11月、劣勢に追い込まれつつあったフランス軍は、ラオスとの国境に近いディエン・ビエン・フーという場所に大規模な基地を建設。反撃に打って出ようとします。しかし2か月にわたる攻防の末、フランス軍は降伏。7年半に及んだ戦争に幕が下ろされます。1954年、スイスのジュネーブで結ばれた和平協定（ジュネーブ協定）で「インドシナ戦争」の休戦が宣言されました。

この協定の結果、ベトナムが南北に分断されることになります。朝鮮半島が、朝鮮戦争によって北緯38度線で分断されたことは、知っていますよね。ベトナムも同じように北緯17度線を境に幅10キロメートルの非武装地帯を設け、南北に分断されたのです。

アメリカがベトナム統一に反対した

ジュネーブ協定では、協定成立の2年後にベトナムで自由選挙を行い、統一を図ることになっていました。しかしアメリカと南ベトナムは、これを拒否します。

Qアメリカはなぜ、ベトナムの統一を拒否したのでしょう？

――朝鮮戦争が休戦した時は、韓国からアメリカ軍が撤退すると朝鮮半島が実質的にソ連に支配されて社会主義の国になってしまうことを警戒したのですよね。ベトナムでも同じ理由ではないでしょうか。

そのとおりです。選挙結果によってはベトナム全体が、社会主義国になるおそれがある。これを嫌ったのですね。東西冷戦というのは、アメリカを中心とする資本主義と、ソ連を中心とする社会主義の対立です。アメリカは、社会主義が世界に広まっていくことを非常に警戒していました。

社会主義とは何でしょうか。資本主義が行きすぎると資本家に富が集中し、貧富の差が拡大する。やがて国の中はひと握りの富めるものが、大多数の貧しいものを支配するようになる。それはいびつである。本来人間はみな平等ではないかということで考え出されたのが社会主義と共産主義です。

資本主義を理想である共産主義に変えていくためには、一度、革命によって資本主義を解体して社会主義を構築し、それから共産主義に移行していくという思想を打ち出したのが、『資本論』で有名な、哲学者・経済学者のカール・マルクスです。共産主義という理想を目指す過程として、社会主義があるのです。

社会主義を世界で初めて実現した国がソ連です。ソ連ができるまで、社会主義がどんなものか、世界は知りませんでした。ソ連は、社会主義は世界を救う理想的な仕組みだと宣伝します。それに同調した国々が、社会主義へと移行していきます。つまりソ連の力がどんどん拡大していくのです。アメリカは、それを何より恐れていました。

ホー・チ・ミンが率いる北ベトナム（ベトナム民主共和国）は、ソ連と同じ社会主義の国です。北ベトナムが勢力を拡大してベトナムを統一するようなことになったら、インドシナ半島はソ連の影響下に置かれます。それを恐れたアメリカは、フランスが撤退したあと、ベトナムに介入します。

１９５５年、アメリカは支援する南ベトナム（ベトナム共和国）に、ゴ・ディン・ジェム政権をつくります。ところがこれはアメリカにとって大きな誤算でした。

ゴ・ディン・ジェムは、とんでもない独裁者だったのです。敵対するものは容赦なく殺し、アメリカから送られてくる支援は一族の懐に入れ、私腹を肥やしていきます。南ベトナムでは貧富の差が拡大し、国民の中には不満が溜まっていきます。

――アメリカはなぜそんなひどい人を大統領にしたのですか？

ゴ・ディン・ジェムは、カトリック教徒の家に育ち、自身もカトリック教徒でした。そういう人間なら欧米流の考え方をよく理解しているだろうと、その程度の単純な考えだったのです。

ゴ・ディン・ジェムではだめだと判断したアメリカは、軍の幹部にクーデターを起こすようそそのかします。いったんクーデターは成功しますが、新しい政権が誕生すると、政権を握ろうとする軍幹部たちによってまたクーデターが起こる。目まぐるしく政権交代が起こります。

当然国内は混乱し、国民は政府を信用しなくなります。腐敗した政権に反対する人たちによって「南ベトナム解放民族戦線」（解放戦線）が結成され、反政府ゲリラ活動が活発化していきます。ここからベトナム戦争につながっていくのですが、最初は南ベトナム政府対解放戦線の内戦だったのです。やがて解放戦線は北ベトナムの指令を受ける組織に変わっていきます（p195地図⑧）。

メディアが終わらせた戦争

アメリカは、解放戦線のことをソ連や中国から送り込まれた共産主義の手先だと考えます。この頃のアメリカ政府は、資本主義と共産主義（社会主義）の対立構造でしか判断できなかったのです。

アメリカは南ベトナムに軍事顧問団を送り込み、政府軍の訓練や支援を行います。しかし、南ベトナム軍は解放戦線を駆逐するどころか、至るところで敗退を繰り返します。1965年末までに、アメリカのジョンソン大統領は18万人を超えるアメリカ兵をベトナムに送り込みます。南ベトナムの内戦は、アメリカ軍と解放戦線との戦いへと変わっていったのです。これがベトナム戦争の始まりです。

アメリカはこの解放戦線を支援しているのは北ベトナムであると断定し、北ベトナムに対する攻撃も始めます。爆撃機で攻撃しました。これを「北爆」と呼びます。北ベトナムを爆撃する爆撃機は、南ベトナムから飛び立っただけではありません。沖縄からも飛び立っていきました。当時の沖縄はまだアメリカ軍の占領下です。現在の嘉手納《かでな》基地からB52という爆撃機が、連日、北ベトナムまで行って爆撃をし、また沖縄に戻るという状態が続いていたのですね。

――アメリカ軍がベトナム北爆を行った時に、フィリピンの基地を借りて出撃したと聞いた覚えがあります。ベトナムとフィリピンの間で敵対する感情が残っていないのでしょうか？

それは、基地を借りたのではなく、フィリピンにアメリカ軍基地があったんです。ルソン島のスービック湾にあったアメリカの海軍基地などから出撃しました。もともとフィリピンはアメリカの植民地でした。だから、反ベトナム感情で行動したわけではなく、フィリピン独立後もアメリカ軍の基地が残っていて、アメリカ軍はそれを利用した。あくまでアメリカ軍の話で、ベトナムとフィリピンの間で問題が起こることはありません。

ベトナム戦争が終わったあと、フィリピンで政権交代が起こります。基地の返還運動が起こり、アメリカ軍はフィリピンから出ていきました。ところが近年、中国が南シナ海に進出してきたでしょう。この海は全部中国のものだと言い出した。中国に対抗するために、フィリピンがアメリカ軍に戻ってきてほしいと頼んで、現在はスービック基地にアメリカ軍の船が寄港するようになっています。

さて、ベトナム戦争には、それまでの戦争ではなかった大きな変化がありました。世界中の報道記者が最前線に同行し、自由に戦況を取材することができたのです。その中に、ひとりの日本人カメラマンがいました。沢田教一《さわだきょういち》です。１９６５年、川を泳いで逃げる二組のベトナム人家族を撮影します。『安全への逃避』と題されたこの写真（写真④）などにより、ジャーナリズム界で最も権威のあるピューリッツァー賞を受賞しました。報道記者から送られてくる写真と記事によって、世界中の人々がベトナムで起こっている悲惨な戦争を知ることになりました。アメリカ国内でも反戦デモが起こります（写真⑤）。

1968年1月、解放戦線は南ベトナムのアメリカ大使館を占拠。ベトナムで旧正月を表す「テト」の期間に行われたことから、「テト攻勢」と呼ばれました。それまでアメリカ軍が勝っていると信じていたアメリカ国民も、本当は負けているのではないか？　この戦争は本当に正義の戦いなのか？　と疑問を持つようになります。アメリカ国内の反戦運

写真④―沢田教一撮影『安全への逃避』｜写真提供：Getty Images

動はさらに激しくなります。

――国外で起こっている戦争なのに、なぜ反対運動が激化したのですか？

当時のアメリカには徴兵制があって、若者はベトナムの戦場へと送られる可能性があったのです。アメリカの有名なキャスター、ウォルター・クロンカイトは、ベトナム戦争を取材した自分の番組で「停戦交渉を始めることが唯一の方法だと確信するに至りました」と訴えます。これに、ベトナム戦争の意義に懐疑的になっていたアメリカの世論が同調し、大きく動きました。ついにジョンソン大統領も停戦交渉を呼びかけることになり、米軍は撤退。その後、南ベトナムの首都だったサイゴンも陥落し、南北ベトナムは統一に向かいます（p74図表④）。

戦場から送られてくる報道

写真⑤―ワシントンでの大規模なベトナム反戦デモ
｜写真提供：Black Star/時事通信社

図表④—**ベトナムの戦争の歴史とホー・チ・ミン**

写真提供：ADN-Bildarchiv/ullstein bild/時事通信社

年	できごと
19世紀半ば	ナポレオン3世がインドシナに出兵し、フランス＝ベトナム戦争始まる
1987	フランスにより仏領インドシナに編入される。以降、フランスの植民地支配が続く
1940	9月、日本軍がベトナム北部に進駐
1941	5月、ホー・チ・ミンがベトナム独立同盟設立。7月、日本軍が南部ベトナムを占領
1945	日本が敗戦によりベトナムから撤退。9月2日、ホー・チ・ミンがベトナム民主共和国独立宣言。今度はフランス軍がサイゴンを占拠
1946	6月、フランス軍がベトナム南部にコーチシナ共和国を設立。12月、インドシナ戦争へ
1954	スイス・ジュネーブで和平協定（ジュネーブ協定）。ベトナムは南北に分断され、ベトナム民主共和国とベトナム共和国となる
1955	10月、アメリカが南ベトナムにゴ・ディン・ジェム政権をつくる
1956	南北統一へ向けての自由選挙が、アメリカの反対により実施されず
1960	12月、南ベトナムで反米、反政権を掲げる南ベトナム解放民族戦線が結成され、軍を組織。北ベトナムが全面的にこれを支援。以後、ホーチミン・ルートから、兵や物資を大量に送り込む
1964	8月、アメリカが海軍の艦船が砲撃（トンキン湾事件）を受けたとし、北ベトナムを空爆
1965	アメリカ軍による北爆が本格化。ベトナム戦争へ
1968	米ジョンソン大統領の北爆停止声明により、5月、パリ和平会談始まる（現地での戦闘は続く）
1973	1月、ベトナム和平協定成立。アメリカ軍の撤退始まるも、南ベトナム政府軍と解放戦線との内戦は止まず
1975	4月、サイゴンが陥落し、南ベトナム政府が崩壊。ベトナム戦争終結。5月、サイゴン市をホーチミン市と改称
1976	7月、南北ベトナム統一

ベトナム建国の父

ホー・チ・ミン

（1890～1969）

本名はグエン・シン・クン。1911年にフランスに渡り、船員として働く。レーニンの反帝国主義に触発されて、1920年、フランス共産党に加わる。

1924年6月、モスクワでの共産主義国際会議に参加。

1925年、中国広州でベトナム青年革命同志会を結成。

1930年、香港でベトナム共産党を結成。

1941年、ベトナムに帰国。ベトナム独立同盟会を結成し、独立運動を推進。

1945年9月、日本降伏により、独立宣言。しかし、再びフランスとの戦いへ。

南北分断後は北ベトナムを統治。ジュネーブ協定の完全実施を願ったが、かなわなかった。

ベトナムでは、親しみを込めて「ホーおじさん」と呼ばれているが戦争を終わらせる力になった。この戦争は「メディアが終わらせた戦争」ともいわれています。

アメリカは結局、のべ50万人を超える兵士を戦場に送り込み、5万人を超える犠牲者を出しました。ベトナム戦争は停戦へと向かいます。この戦争全体の犠牲者や負傷者は、少なくとも数百万人に達するといわれています。

アメリカ、中国、ソ連の思惑がぶつかった

――ベトナム戦争の時のソ連の動きを詳しく教えてください。

ソ連は中国と北ベトナムを支援していました。ソ連は、船を使うかあるいは中国を通って北ベトナムを支援するという方法を取っていました。中国は北ベトナムと国境を接しているので、直接支援がしやすい環境です。

ところが、中国とソ連の関係が悪くなります。中ソ対立が起こり、中国が自国を経由するソ連の物資を北ベトナムに渡さないという状態になってきました。

――ソ連の思想を取り入れてできたのが中華人民共和国なのに、なぜ中国とソ連は対立したのですか？

ソ連はレーニンが主導したロシア革命で誕生しました。レーニンの死後、スターリンが指導者の座につきます。ところが、スターリンは独裁者としてソ連のトップに君臨。スターリンに従わない人や、ちょっとでも怪しい人は次々と殺されました。しかし、スターリンによる粛清の事実はずっと隠されていたのです。

スターリンの死後、トップに立ったフルシチョフがスターリンの悪事を公開しました。いわゆる「スターリン批判」を行ったのです。また、スターリンは、ソ連中に自分の銅像をつくり、個人崇拝をさせていました。共産主義というのは、理想主義です。神様の存在を認めていません。つまり、個人を神のように崇める個人崇拝は、共産主義の理念には反することなんです。フルシチョフはスターリンを激しく批判しました。

ところがちょうどその頃、中国では毛沢東《もうたくとう》が個人崇拝を進めつつあったのです。中国各地に毛沢東の銅像をつくっている最中にスターリン批判が行われた。毛沢東は、フルシチョフが自分を批判しているのではないかと、ソ連に反感を持つようになります。感情的な対立から中国とソ連の間に、大きな溝ができました。

世界は核の時代に入っている。やがて、中国も核実験を成功させます。ソ連にしてみると、自分たちの言うことを聞かない中国が核兵器を持ったことは脅威です。ソ連とアメリカは、東西冷戦で対立しています。それにもかかわらず、ソ連はアメリカに対して、一緒になって中国を攻撃しようと提案をしました。今なら中国の核兵器はわずかしかないから、という理由です。びっくりするような提案でしょう。

当然、アメリカはそれを断ります。そして、アメリカ政府は、中国とソ連の仲を決定的に裂くチャンスと考え、この密約申し入れの情報をニューヨーク・タイムズ紙にリーク。ニューヨーク・タイムズは、特ダネとして報道しました。それを知った中国は、いつソ連から攻められるかもしれないとおびえます。ここから中ソ対立がどんどん激しくなります。中国とソ連の国境を流れているウスリー川の真ん中の島はどちらの領土かをめぐり、中国軍とソ連軍が軍事衝突。死者を出すという事態になっていきました。

ASEANは共産主義への防波堤として結成

ベトナムと国境を接するカンボジアやラオスにも、北ベトナムと同じような共産主義勢力が台頭します。これに対しアメリカはもちろん、タイやマレーシアなど東南アジアの資本主義諸国も危機感を抱いたのです。南ベトナムが共産主義の国になれば、東南アジアの国々が次々に共産主義の国になっていくのではないか。そう恐れたのですね。このような、ある国が共産主義化すると、その動きがドミノ倒しのように隣国に広がっていくという考え方を「ドミノ理論」といいます。
共産主義の影響をせき止める堤防をつくらなければならない。こうして1967年に発足したのが、「ASEAN」（東南アジア諸国連合）だったのです。当初、タイ、インドネシア、マレーシア、フィリピン、シンガポールの5か国が参加しました。現在のASEANは、東南アジアをひとつの経済圏にしようという組織ですが、もともとは共産主義が東南アジアに広がらないようにするためにつくられた組織だったのです。

アメリカやASEANは、なぜ共産主義の拡大を恐れたのですか？

ロシア帝国時代に結成されたロシア社会民主労働党（のちのソ連共産党）は、1917年に社会主義国家を目指して革命を起こし、皇帝一家を皆殺しにします。これがロシア革命です。さらに、資本主義は悪だという考えのもとに、資本家を次々に殺してしまったのです。

ソ連で行われた社会主義革命のことを知った資本主義の国々は、自分の国で社会主義革命が起きるのはなんとしても阻止したいと考えます。資本家はみんな殺されてしまいますから、たまったものではありません。社会主義が世界に広がるのを防ぐためには、ソ連を封じ込めなければいけない。アメリカをはじめとする世界の資本主義国は、ロシア革命を潰そうとしたのですが、失敗しました。日本も「シベリア出兵」をしてシベリアで戦争をしたのですが、うまくいかず引き揚げました。

ソ連国内では、赤軍と白軍が戦っていました。「紅白歌合戦」みたいですが（笑）、「赤軍」は共産党の軍隊、それに対してそれまでの帝政ロシアのやり方を守ろうという勢力が「白軍」です。シベリア出兵した日本は白軍を応援します。しかし、赤軍にやられて日本が引き揚げた時に、白軍のロシア人たちが大勢北海道に亡命してきました。

「白系ロシア人」という言葉を聞いたことはないかな？　これはロシア人の顔が白いからじゃなくて、「白軍のロシアの人たち」という意味なのです。かつて日本のプロ野球界にスタルヒンという、伝説的な名投手がいました。彼は白系ロシア人です。

今の日本に暮らしている私たちには、東西冷戦下におけるソ連＝共産主義の脅威というのが、なかなかピンと来ないですよね。第二次世界大戦後、世界はソ連グループとアメリカグループに分かれて対立をしていました。ソ連は、世界中にソ連の言うことを聞く共産党をつくり、その国で革命運動を起こして体制をひっくり返して、共産主義の国につくり変えようとしていました。世界中に共産主義の国をつくろうという、一大戦略を取っていたのです。

アメリカは、それをなんとか封じ込めようとします。資本主義にとってソ連の向かっている共産主義は恐怖以外の何ものでもありません。そこでソ連に対する対抗措置を取っていた。それが東西冷戦です。

冷戦、冷たい戦争って、なんだという疑問がわいてきます。アメリカとソ連は、対立はしていたけれども、直接戦争はしなかった。もしアメリカとソ連が戦争になると、核戦争になってしまう。両国だけではなく世界中が破滅する。互いの核の力を誇示することで牽制し合いながら、少しでも仲間を増やしていこうとする。直接武力を用いずに経済、外交、情報などを手段とした戦争にも近い状態を冷戦と呼んだのです。アメリカ人ジャーナリストのウォルター・リップマンが1947年に『The Cold War（冷戦）』を刊行してベストセラーになったことに由来しています。

東西冷戦時代、アメリカとソ連は戦争しないけれど、その周辺では代理戦争ともいうべきさまざまな紛争が起こりました。朝鮮半島では、北朝鮮と韓国による朝鮮戦争が起きます。ベトナムにおいてはベトナム戦争が起き、さらにカンボジア内戦（p194）へと広がっていきます。

ここで、この章の最初の質問に戻ります。ASEANができた1967年は、どんな世の中だったかといえば、世界は東西冷戦の緊張の中にあり、東南アジアにおいてはアメリカとソ連の代理戦争ともいわれるベトナム戦争の真っ只中だったのです。そういう時期に、東南アジアの結束が始まった。個々の歴史も大切ですが、世界のいろんな思惑によって歴史がつくられていく。そんなことが、まざまざと感じられる時代です。

ＡＳＥＡＮは反共産主義から経済協力へ

ＡＳＥＡＮの歴史を振り返っておきましょう。ＥＵは、ヨーロッパで二度と戦争が起きないようにするためには国境をなくせばいい、という理想のもとにつくられた組織です。一方、東南アジアにおいては、共産主義が広がるのを防ごうとして、ＡＳＥＡＮができました。

１９７０年代の前半になると、日本で合成ゴムの開発が進み、安い合成ゴムを大量に海外に輸出するようになります。その影響を直接受けたのが、ＡＳＥＡＮに加盟しているインドネシアやタイ、マレーシアでした。これらの国の大きな産業のひとつが天然ゴムだったのです。ゴムの木に傷をつけると樹液が出てくるでしょう。それが天然ゴムになる。ところが天然ゴムが売れなくなると、国の経済も打撃を受ける。マレーシアは日本に対して合成ゴム輸出の自粛を要請しましたが、日本は聞く耳を持ちませんでした。

そこでこれらの国々が協力して、合成ゴムの輸出を自粛してほしいという交渉を日本と行います。そしてＡＳＥＡＮ諸国は日本の譲歩を勝ち取ることができました。ＡＳＥＡＮ

図表⑤—**ASEANの動き** | 出典:ASEAN HP、外務省HP

年	できごと
1967	8月、タイのバンコクでASEAN結成。原加盟国はインドネシア、マレーシア、フィリピン、シンガポール、タイの5か国
1974	ASEAN事務局をインドネシアのジャカルタに置くことに合意
1976	第1回ASEAN首脳会議がインドネシアのバリ島で開催される。東南アジア友好協力条約、ASEAN協和宣言(バリ宣言)、ASEAN事務局設立協定
1984	ブルネイが加盟
1992	ASEAN自由貿易協定合意
1995	ベトナムが加盟
1997	ラオス、ミャンマーが加盟
1999	カンボジアが加盟(現在の10か国となる)
2003	第二ASEAN協和宣言(第二バリ宣言)
2007	ASEAN憲章採択(翌年発効)
2011	第三ASEAN協和宣言(第三バリ宣言)
2015	ASEAN経済共同体発足
2017	ASEAN設立50周年

ASEAN旗
すべての加盟国の国旗の主要色である青、赤、黄、白が使用されている。中心には、ほとんどの国で主食である稲の束があしらわれ、団結を表している。

インドネシアのジャカルタにあるASEAN事務局
| 写真提供:時事通信社

の国々がまとまれば、自分たちは強い力を得ることができる。最初は、共産主義に対する防波堤としてつくられたけれども、これからはみんなで協力して経済成長していこうという目標に変わっていきました。そういう成功体験を積み重ねて、現在のＡＳＥＡＮがあるのです。

ベトナム戦争が終わり、１９８４年にはブルネイが加盟。そして敵だったはずのベトナムもＡＳＥＡＮに加盟したいと表明し、１９９５年に加盟します。ミャンマーやラオスもそれに続き、１９９９年、カンボジアが加わって、現在の10か国体制になりました（図表⑤）。

――共産主義は、資本主義を否定するところから始まりますよね。なぜベトナムは否定すべき資本主義の国と一緒になろうとしたのでしょう？

ソ連が崩壊して東西冷戦が終わってしまうと、ベトナムも徹底した共産主義の国としてやっていこうという感じではなくなりました。経済活動はほとんど自由で、まるで資本主義の国のようです。

Ｑどこかの国と似ていますね？

――中国とそっくりです。

そう、中華人民共和国は、実質的には中国共産党による一党独裁の国です。政治は中央政府がコントロールしているけど、商売は自由にやりなさいという政策をとって、経済が急速に発展しました。ベトナムも同じです。現在もベトナム共産党の一党独裁の国ではあるのですが、経済活動は自由。政府のことを批判さえしなければ、どんどん儲けていいという体制なのです。

こうなるともう、周囲の国々も共産主義の脅威を感じることはありません。ＡＳＥＡＮに加盟して、他の国と協力して経済開発を進めたい。周囲の国々は次々にＡＳＥＡＮに加盟していきました。

——ＡＳＥＡＮの本部はインドネシアのジャカルタにあると聞きました。みんな自国に本部を置きたがって、もめたりしなかったのでしょうか？

ＡＳＥＡＮは発足当初は5か国でした。東西冷戦時代、その5か国の中で東西どちらにも入らない非同盟を表明していたのがインドネシアでした。中立的な立場の国で、なおかつ経済力が豊かです。それでインドネシアのジャカルタに本部を置くことになったのです。

ＡＥＣで、ベトナムがカンボジアの港に

そして、２０１５年にＡＳＥＡＮがＡＥＣ（ASEAN Economic Community　ＡＳＥＡＮ

経済共同体）をつくります。

Ｑどこかで聞いたことのあるような名前ですね？

――ＥＵができる前にＥＥＣというのがありました。

さすがだね。では、ＥＥＣはどんなものだったか、覚えていますか？

――ＥＥＣは欧州経済共同体なので、共同体の中の関税などをやめて経済活動を活発にするのが目的でした。

そうですね。第二次世界大戦後、ヨーロッパでは、二度と戦争が起きないようにしようとドイツやフランスなどによって、１９５２年、欧州石炭鉄鋼共同体（ＥＣＳＣ）ができます。エネルギー資源の奪い合いは、戦争の原因にもなるでしょう。だから喧嘩しないように、当時の主要資源だった石炭をみんなで共同管理していこうという考えです。やがてＥＥＣができ、これがＥＣ（欧州共同体）になり、現在のＥＵへと続いているのです。

ＡＥＣというのはまさに東南アジア版のＥＥＣです。ヨーロッパを参考にしながら、経済の統合をしていこうという動きが始まっているのです。具体的にどういうことをしているのか？　たとえばＡＳＥＡＮに加盟している国々の間では関税をなるべく減らしていきましょう。輸出入を自由にしていきましょう。経済活動を活発化させることで、加盟国の経済成長を後押ししようというものです。

ここで、私が取材してきた、具体的なエピソードをお話ししましょう。日本には漫画喫茶があるでしょう。漫画喫茶は、次々とできるんだけど、潰れるものもあります。漫画喫茶が潰れると、大量の漫画本が残ります。ゴミにするのはもったいない。当然、これを再利用しようと考える人が出てきます。実際に漫画本の再生をしている業者が福井県にあります。漫画喫茶が潰れたと聞くと、そこに残された大量の漫画本を仕入れてコンテナに入れて、ベトナムに運ぶ。ベトナムの港に陸揚げをすると、コンテナの中を開けないまま、陸路カンボジアのプノンペンまで運び、プノンペンの工場でそれを開け、カンボジアの人たちが日本の漫画本をきれいにして再生しているんです。

私は実際にその工場にも取材に行きました。漫画喫茶の名前のスタンプが押してあると、それを削り取る。手垢がついているものは紙やすりで削って、まるで新品同様にして、またコンテナで日本に送り返す。そうすると、日本でまた新しい漫画喫茶がオープンした時に、その漫画本を納入する。そういうビジネスをしているんですね。

カンボジア工場の責任者は日本人でしたので、話を聞きました。以前は漫画本の再生を、日本国内でやっていたそうです。でも、いろいろと不都合が起きてきた。日本人だと、漫画本の再生作業をしているうちに、つい読みふけっちゃうそうです（笑）。作業が遅々として進まない。ところが、カンボジアの人は日本語が読めないから、読みふけることがなく、真面目に作業してくれる。しかも人件費が、ものすごく安い。もしどこかの漫画喫茶に行くことがあったら、漫画を読む前に注意して見てください。どこかを削り取ったような跡があったら、カンボジアで再生されて戻ってきた本かもしれません。

ＡＳＥＡＮ共通通貨は実現するか

ベトナムもカンボジアもＡＥＣに加盟しているでしょう。だから国境で中身をチェックされることがない。コンテナを開けずにそのまま工場まで持っていくことができるのです。カンボジアにも港はありますが、日本からだとベトナムの港のほうが近い。ＡＥＣのおかげで、ベトナムの港はカンボジアの港の役割も果たしているのです。その結果、カンボジアも大きく経済が成長するようになってきています。

港を持たない内陸部の国や、港があっても中心部から離れている国は、経済の発展に関してハンディキャップを背負っています。たとえばアフリカでも、東海岸のケニアやタンザニアは、内陸部にある南スーダンなどと比べて、はるかに経済が発展している。なぜ、海に面している国のほうが発展するのか。海に面した国では、港でいろんなものが陸揚げされると、そのまますぐに市場に出回るでしょう。流通コストがかからないから、価格もそれほど高くない。

ところが南スーダンの場合、ケニアなどの港に荷揚げされたものを延々と陸路で運ばなければならない。しかも社会的なインフラの整備がされていないから、道路も穴ぼこだらけ。運搬に何日もかかる。結局、流通経費がかさんで、コストが高くなる。商品の価格が高いと、生活費も高くなる。そうすると皮肉なことに、ケニアやタンザニアよりも内陸の国のほうが、賃金水準が高くなるんです。

生活費も高い、人件費も高い、そんなところに工場をつくっても割に合わないでしょう。海外の企業も進出に足踏みする。アフリカの中部というのは経済が立ち遅れているのです。カンボジアも同じ状況でした。しかしAECに加盟することによって、ベトナムの港がそのままカンボジアの港の役割を担うようになり、経済が発展し始めた。

そしてASEAN諸国は、ヨーロッパがたどったプロセス同様、経済以外にもさまざまな規格を統一していこう、将来的にEUのようなASEAN共同体になりたいという思いを、当然のことながら持っています。EUが共通通貨ユーロを持ったように、ASEANの中でも共通通貨構想が持ち上がります。

東南アジア版ＥＵの実現にはまだ壁がある

――ＥＵでも、イギリスはユーロを採用しなかったり、ギリシャ危機が起きたりと、混乱がありました。ＡＳＥＡＮで共通通貨を導入しようという機運はどのくらい高まっているのですか？

ＥＵ加盟国は経済力の差はありますが、すべて先進国です。共通通貨を導入しても、それほど大きな問題はありません。

しかしＡＳＥＡＮにおいては、シンガポールやタイのように先進国と肩を並べる国もあれば、ラオスやカンボジアのように途上国と呼ばれる国もある。ＥＵを目指す以上、共通通貨があったほうがいいだろうと、机上の研究が行われているレベルで、何も具体化はされていません。

ＥＵではユーロを導入する時に、国の借金をそれぞれの国のＧＤＰの３％以内に抑えなければいけないというルールをつくりました。財政状態の悪い国が共通通貨に入ってくると、全体の経済が悪化します。ギリシャは３％のルールを達成できなかったにもかかわらず、嘘をついてユーロに入ったのです。嘘がばれて、ギリシャの財政が破綻していることがわかった。大騒ぎになってユーロ全体が危なくなった。

Q 経済学の話になりますが、国の景気を回復するためには、ふたつの方法しかありません。わかる人はいるかな？

――ニュースで赤字国債というのを聞いたことがあります。

赤字国債も具体的な手法ではあるんですが、大きな方策としては「金融政策」と「財政政策」のふたつなんです。金融政策は、中央銀行が行います。日本でいえば、アベノミクスで日本銀行が金利をうんと下げていますよね。現在は、日銀にお金を預けると減っていくマイナス金利です。日銀にお金を預けるのは民間の銀行ですから、銀行は日銀にお金を預けて目減りさせるより、企業などに貸し出して有効活用するほうを選ぶでしょう。

中央銀行は、景気が悪くなったら金利を下げて、お金を借りやすくする。お金が借りやすくなれば、いろんな企業がお金を借りて工場をつくったり、マイホームを持ちたい人も住宅ローンを組んだりすることができます。経済活動が活発になると、景気もよくなります。

一方、財政政策とは、政府が収入（歳入）や支出（歳出）を増減させることによって国の景気をコントロールしようとする政策。今あなたが言った赤字国債も財政政策の一環です。国が国債を発行する。つまり借金ですね。借金して集めた資金で公共事業などを行って、経済を活性化させる。

ところがEUの場合、ユーロを発行しているのは欧州中央銀行です。金利は欧州中央銀行が決めます。EU各国は、独自の金融政策を取ることができません。それぞれの国が景気が悪くなったら、国ごとに財政政策で赤字国債を発行して、景気対策をするわけです。その結果、財政状態が極度に悪化するといけないから、借金はGDPの3％以内に抑えなければならないというきまりがあるのです。ルールを守って財政状態を健全にしていれば、ユーロを導入してもいいですよというやり方を取っているんです。

将来的に、東南アジアの国々で共通通貨をつくろうということになれば、当然ユーロの基準を参考にするでしょう。でも、ユーロでさえあれだけの混乱が起こる。共通通貨はやらないほうがいいよね、となる可能性もあります。今は、ASEAN諸国は、先輩であるEUの動向を常に見ながら、EUが失敗したことを繰り返さないように、少しずつ進んでいるのです。

――ASEANもEUのようにパスポートなし、ビザも必要なしで往来ができるようになるのでしょうか？

日本のパスポートがあると、世界中の多くの国にビザなしで渡航できます。だけどビザ、つまり特別に入国を認めるという許可書がないと、他の国に入国できない国もたくさんあります。たとえば東南アジアの貧しい国から観光で入国してきて、そのまま不法就労する人が出る可能性もある。あるいは犯罪組織が入ってくるんじゃないかという心配から、開発途上国では、いろんな国のビザ自体が取れないのです。

日本のパスポートって、ものすごく信用されているから、世界のほとんどの国にビザなしで行けますが、東南アジアの国々ではビザが必要な国もある。でも、ＡＳＥＡＮの中なら、どの国でもビザなしで自由に行き来ができるようにしましょうというところまで来ています。

ＥＵの場合は、ＥＵとは別に「シェンゲン協定」を結んでいる国の間では、パスポートチェックが一切なしで自由に行き来できる、というやり方をとっています。よくＥＵに入ると、自由にどこでも行けるという言い方をしますが、シェンゲン協定に入っていない国はパスポートチェックがあるんです。

たとえば、クロアチアは、ＥＵには入っていますが、シェンゲン協定には入っていません。私は以前、クロアチアからスロベニアへ列車で入国する際、うっかりそのことを忘れていて、パスポートを取りに引き返したことがあります。ドイツやデンマークやオランダはシェンゲン協定に入っていますから、国境審査はありません。自由に行き来ができるわけです。

ＡＳＥＡＮ諸国は、ビザなしで自由に行き来できるようにしているけれど、パスポートチェックはあります。おそらく最終的には、シェンゲン協定と同じようなものを結ぼうとしているんだろうなとは思います。まだそこまでは行ってないということですね。

中国との距離感に悩むＡＳＥＡＮ諸国

ＡＳＥＡＮ諸国にとって、大きな問題が世界第2の経済大国となった中国との付き合い方です。ベトナム戦争では、中国は同じ共産主義を掲げる北ベトナムを支援していました。反共産主義のＡＳＥＡＮ諸国にしてみれば、中国は敵でした。ところが東西冷戦が終わり、中国も資本主義経済を導入し大きく発展をする。そして、中国は強大な経済力を駆使して、東南アジアに進出してきます。

たとえば現在、ベトナムと中国は非常に関係が悪い。ベトナムと中国は戦争をしたことがあります。ベトナム戦争が終わって南北ベトナムが統一されます。詳細は第6章で取り上げますが、その頃、ベトナムの隣のカンボジアでは、原始共産主義を掲げるポル・ポト政権が独裁政治を行っていました。自分たちの共産主義に刃向かうものはみんな虐殺。国民の中に不満が溜まっていました。

そこでポル・ポトは国民の不満を外に向けようと、ベトナムは我々の敵だとしてちょっかいを出し始めます。怒ったベトナム軍はカンボジアに攻め入ります。その時、中国軍がカンボジアを助けるためベトナムに攻め入ってきたのです。防御が手薄になったベトナム国内で中国軍との戦いが起これば、カンボジアに派遣している軍隊を呼び戻さざるを得ないだろうと考えたのです。しかし中国の目論見は失敗。ベトナム軍に撃退されてしまいます。この事件以降、中国とベトナムは非常に関係が悪い。今もベトナムの人たちは、中国が嫌いなんです。

ベトナムの北部と中国との国境あたりだと、活発に貿易が行われていますが、ベトナム全体としては、中国からの影響はほとんどありません。一方、中国と親密なラオスは、ほとんど中国の植民地のような状態になっています。カンボジアも経済的な支援を受けて、かなり中国寄りになっている。ミャンマーも中国と国境線を接していますから、中国の影響を大きく受けているわけですね。

さらに南のマレーシアはどうか。ナジブ前首相の時代には中国から多額の支援を受けていました。しかし２０１８年、ナジブ前首相の汚職を追及したマハティールが首相に返り咲くと様子が一変します。マハティール首相は、「中国からの融資を受け続けると返済で

図表⑥―**中国と東南アジア諸国の関係**

国名	状況	関係
ラオス	1990年頃から二国間の関係が強化。経済的に中国の支援が大きい	緊密
カンボジア	フン・セン政権下、中国から巨額の支援を受け経済発展を遂げた	緊密
ミャンマー	国境を接するため、良好な関係を維持。ロヒンギャ問題で世界各国から批判が強まる中、静観する中国と距離を縮める?	良好
タイ	インフラ開発や経済面で中国に依存。習近平「一帯一路」に全面的に協力し、関係強化の一途	良好
東ティモール	経済援助を期待し、中国支持を明確にしている	良好
シンガポール	国民の7割が華人のため、経済・文化面での関係は維持しつつ、政治的には距離を保つ	均衡維持
フィリピン	アキノ前政権下では南シナ海の領有権をめぐり対立していたが、ドゥテルテ現政権は協調路線の様相?	変化
マレーシア	以前は多額の支援を受け中国寄りだったが、マハティール首相が復帰してからは、距離を置く。南シナ海領有権問題も	慎重
インドネシア	最大の貿易相手国だが、市民には反中国・華人感情が根強く残る	慎重
ブルネイ	中国からの巨額投資は重要だが、南シナ海の領有権問題があり、微妙	慎重
ベトナム	カンボジアとの軍事衝突が中越戦争に発展して以来、根深い対立に	険悪

きなくなる。すると中国の支配下に置かれ、植民地のようにされてしまうかもしれない」。そういう考え方で、中国からの支援を見直しています。

東南アジアには、華僑《かきょう》という中国から移住した人たちが大勢住んでいます。華僑の人たちが中国本国と連絡を取り合うことによって、中国の影響力がさらに強くなっていく。東南アジアの国々の中には、そうしたことに対する本能的な警戒感もあります（p95図表⑥）。

中国がＡＩＩＢをつくった

東南アジア諸国への経済支援を行う時に中国が使っているのが、ＡＩＩＢ（アジアインフラ投資銀行）です。ＡＩＩＢは中国主導でつくられた国際開発金融機関で、世界中の国々から出資を募り、アジアの国々に対しインフラ整備に必要な資金を融資しています。東南アジアの国々は、経済を発展させたい。そのためには、インフラの整備が必要だ。でも、お金がない。その需要にお応えしますよというのが、ＡＩＩＢです。

東南アジアの国々はＡＩＩＢからお金を借りたい。あるいは、中国から直接お金を借りたい。でも、返せなくなったらどうするんだ。中国の支配を受けるのは嫌だ。そういうジレンマに陥っているのです。

――経済格差のあるアジアでもＡＳＥＡＮが結成されてＥＵのような未来を目指しています。アフリカでもインフラが整備され経済が発展したら、経済共同体が実現するのでしょうか？

アフリカには、すでにアフリカ連合（ＡＵ）があります。日本の携帯電話会社みたいですけれど（笑）。ＡＵには、アフリカの国はすべて加盟しています。モロッコは領土問題があるため、一度脱退しましたが、２０１７年に再加盟が認められました。アフリカの国すべてがＡＵによってつながっているといっていいでしょう。

でもＡＵは、まだ単にアフリカの国々がお互い協力し合いましょうというレベルで、ＡＳＥＡＮやＥＵのように関税の廃止などの経済協力などは行われていません。ただ、いずれアフリカ版ＥＵをやりたいという思いは持っているということです。内戦が続くコンゴ民主共和国に対して、ＡＵでなんとか解決しよう。国連のＰＫＯ（国連平和維持活動）に来てもらわなくても、ＡＵ軍を出すことによって、アフリカの国内の紛争を解決しましょうという動きも出てきています。

――日本からのＯＤＡや世界銀行もあると思うのですが、東南アジアの国々はなぜＡＩＩＢからお金を借りようとしているのかが知りたいです。

いい質問ですね。世界銀行の本部は、アメリカのワシントンにあります。日本の東海道新幹線や東名高速道路、黒部川第四発電所なども世界銀行からの融資によってできたわけだよね。世界銀行は東南アジアにかぎらず、世界中の国にお金を融資する役目を持っています。アジアにはＡＩＩＢのほかにもうひとつ、同じような銀行があります。ＡＤＢ（アジア開発銀行）です。

１９６６年にアメリカと日本が中心になってアジアに特化した銀行をつくった。それがＡＤＢです。ですから、ＡＤＢの総裁はいつも日本から出しています。現在の日銀の黒田東彦《はるひこ》総裁は、日銀に来る前はＡＤＢの総裁だったんだよね。ＡＤＢは日本が主導だから、不良債権を出さないようにしようとします。不良債権というのは、貸したお金が返してもらえないかもしれない状態のこと。そういうリスクを防ごうとします。

だから、融資をする時に非常に慎重になるのね。たとえば、新しい橋をつくりたい、道路をつくりたいという計画を出した時に、返済計画はどうなっているか、細かく審査する。確実に返済してもらえるところにはお金を貸します。しかし返済できそうもないところには貸しません。こうなるとＡＤＢだけではアジアの活発なインフラに対する欲求に応じられない。そこに目をつけた中国が、世界中の国々からお金を集めて、どんどん貸し出そうとして発足させたのがＡＩＩＢです。それが２０１５年のことです。

つまり、ＡＤＢが融資に慎重だったものだから、簡単にお金を貸してあげようと始めたのがＡＩＩＢ。逆に言うと、ＡＩＩＢは莫大な不良債権を築いてしまう心配もある。ＡＩＩＢにとっても、不良債権が増えるのは好ましくないでしょう。ＡＩＩＢはまだ、活動を始めたばかりなのです。ＡＤＢに比べて、投資や融資のノウハウが少ない。そこでＡＤＢに協力を仰いでいるんです。お金を貸し出すノウハウをＡＤＢから教えてもらいながらお金を貸しましょうという方向に舵を切っています。

　ＡＩＩＢは中国主導です。日本やアメリカは、ＡＩＩＢに対して協力をしていなかったのですが、現在はＡＤＢを通じて協力しましょうという方針に切り替えています。

――ＡＤＢの総裁は日本が出しています。でも、日本はＯＤＡでも東南アジアに支援をしてきたわけですよね。なぜ、どっちか一本に絞らずにＯＤＡとＡＤＢ、ふたつの方法を通して東南アジアを支援しようと思ったのでしょうか。

　ＯＤＡは、そもそも戦時賠償から始まりました。だから日本のＯＤＡは、戦時賠償に続いて、本当に貧しい国に対する支援を主に行っているのです。それに対してＡＤＢは、これからどんどん発展していく国にお金を出しましょうという、投資の意味合いが強い。これから東南アジアの国々が先進国になっても、お金を貸し出すことができる。ＯＤＡとＡＤＢは、まったく別のものと考えてください。

社会主義市場経済の矛盾

――ベトナムは中国と同じように経済は資本主義だけど、政治は共産党の独裁です。ほかの政党は、なぜ共産党の独裁を許しているのですか？

ベトナムには、ベトナム共産党しかありません。ほかの政党は存在が認められていないのです。つくろうとすれば、捕まります。だから、ベトナム共産党の一党独裁体制です。中国には、中国共産党以外に八つの政党があります。一党独裁ではありません。しかしいずれも党の綱領に中国共産党の指導を受けると書いてある。ほかにも政党がありますという建前で、八つの政党が存在しているのです。たくさん政党があるけれど、すべて中国共産党の影響下にある。だから日本のメディアは中国のことを、「事実上の一党独裁」と呼ぶのです。

ここで中国が急速に経済発展した理由についても、簡単に話しておきましょう。中華人民共和国を建国した毛沢東の後を継いで発展させたのが鄧小平《とうしょうへい》です。鄧小平は、国が豊かにさえなれば、国民は不満を持たない。とにかく経済を発展させることが大事だ、という考えを持っていました。

鄧小平の有名な言葉に、「白いネコでも、黒いネコでも、ネズミをとるネコがいいネコだ」（実際の発言は、黄色いネコでも、黒いネコでも……だが、白いネコ黒いネコとして伝わっている）があります。共産主義であろうと、なんであろうと、国民が豊かになればいいんだ、というやり方で、政治は共産主義だけれど、市場は自由経済。海外からの企業進出も受け入れます。つまり、実質的に資本主義を導入したのです。これを「改革開放政策」といいます。

ソ連のようにすべて国がコントロールする「計画経済」にすると、平等にはなるけれど、みんな同じように貧しくなって、やる気が起きない。金儲けができるものからどんどん金儲けをしていい。格差は広がるけれど、全体として豊かになっていけば、政治に対する不満が少なくなるだろう。改革開放政策がうまく機能して、中国は急速に成長したのです。

ベトナムでも、中国にならって改革開放政策を導入しました。ベトナム語で「ドイモイ（「刷新」という意味）」といいます。権力は共産党が握るが、自由に商売をやってくださいというのが、中国であり、ベトナムです。この制度を中国では、「社会主義市場経済」という言い方をしています。でも、考えてみると矛盾した言い方なんですね。

社会主義は、本来計画経済です。生産量も価格もすべて共産党が決める。すべての人が平等であることが社会主義の根本なのに、鄧小平は「価格は需要と供給の関係でマーケットが自由に決めていい」という市場経済を持ち込んだ。市場経済イコール資本主義ですから、社会主義と資本主義、本来対立する概念をくっつけたわけです。これを社会主義市場経済と呼んだ時に、世界中の経済学者が頭をひねりました。ですから君たちが理解しづらいのは当然なのです。中国としては、共産党がすべてをコントロールしているから社会主義なんだと言っているのです。

第3章
シンガポールとマレーシア

マレーシアからシンガポールが追い出された

２０１８年6月12日、史上初の米朝首脳会談が行われました。それまで敵対していた北朝鮮の金正恩《キムジョンウン》委員長とアメリカのトランプ大統領がじかに会談した歴史的な出来事です。

Qさて、この米朝首脳会談はどこの国で行われたか覚えていますか？

――**シンガポールです**。

そうですね。なぜシンガポールで米朝首脳会談を行うことができたのか。シンガポールは、アメリカとも北朝鮮とも国交を結んでいる。さらにシンガポールには、北朝鮮の大使館もある。これがひとつの大きな決め手になりました。

北朝鮮にしても、アメリカと交渉する時には、本国と連絡を取り合わなければいけない。しかしアメリカは北朝鮮の通信を全部盗聴している可能性がある。大使館と本国北朝鮮との間には盗聴防止装置があるので、連絡が取り合える。そういう外交上の戦略的理由から、北朝鮮の大使館があるシンガポールが開催場所に選ばれたというわけですね。

シンガポールというと、マーライオン（写真⑥）が有名ですよね。伝説の生きもので、上半身はライオンで下半身は魚です。ライオンの口から水を噴き出しています。誰もが訪れる観光名所なのですが、実は「世界三大がっかり」名所のひとつといわれています。

Qあとのふたつ、知っている人はいるかな？　ヒント、そのうちのひとつはデンマークのコペンハーゲンにあります。

——人魚姫の像ですか？

正解です。コペンハーゲンの人魚姫。そしてもうひとつがベルギーのブリュッセルにある小便小僧。ガイドブックの写真はアップで撮ってあるから、すごく大きいんだろうと思いがちです。でも、実際に行ってみると、「えーっ、こんなに小さいの？」と、がっかりする。私も初めてブリ

写真⑥—マリーナ・ベイ地区にあるマーライオン像
｜写真提供：時事通信社

ュッセルに行った時、小便小僧はどこだろうと探し回っているうちに、気づかずに通り過ぎてしまったというくらい、小さいものでした。

マーライオンにがっかりする人が多いものだから、米朝首脳会談が開かれたセントーサ島には巨大なマーライオン像ができました（笑）。

さて、前振りはこのくらいにして、本題に入りましょう。シンガポールもマレーシアも、もともとはイギリスの植民地でした。第二次世界大戦後、マレーシアが独立。そして、マレーシアからシンガポールが追い出されて、現在の状態になりました。

国から国が追い出されるのですか？

これには説明が必要だね。マレーシアがイギリスから独立したのが１９６３年。シンガポールはその時にマレーシアの中のひとつの州に加わることで、一緒に独立を果たしたのです。

では、シンガポールが追い出されたというのはどういうことか？

マレーシアには、もともとマレー人が住んでいました。そこへ、植民地時代に華人とインド人が移住してきました。華人というのは、中国から東南アジアなどの海外に出稼ぎに行って、その国の国籍を取得した人たちのことです。

インドはイギリスの植民地だったので、大勢のインド人が同じイギリスの植民地であるマレーシアに出稼ぎに来ていたわけですね。

言葉も生活習慣も違う三つの民族ですが、イギリスが英語教育を行ったため、マレーシア人としての仲間意識を持つようになっていました。

マレー人はイスラム教徒です。国内には、圧倒的にマレー人が多い。しかし華人、つまり中国系の人たちは教育熱心なんですね。子どもへの教育に熱心で、社会的に成功し、経済的にも裕福な人が多い。マレーシアの社会の富はみんなこの中国系の人たちが牛耳っていたのです。そのことにマレー人が反発しました。人口が圧倒的に多いマレー人の地位向上を目指し、マレー人優遇政策を取ったのです。これを「ブミプトラ政策」といいます。ブミプトラとは、サンスクリット語に由来する言葉で「地元の人」という意味です。

当然、華人たちはこの政策に反発をします。なぜ、華人を差別するのだと、抵抗しました。こうしてマレー人と華人の対立が激化します。

こうして1965年8月、シンガポールはマレーシアから分離独立をします。つまり、マレーシアから追い出されるようにして華人たちがつくった国がシンガポールなのです。

シンガポールはマレー半島南端に位置し、シンガポール島と60以上の小さな島で構成されています。シンガポールの面積は、東京23区とほぼ同じぐらい。仮に日本から東京23区が追放されて別の国をつくったと考えてください。残りの日本と東京23区、どちらが豊かか、明らかでしょう。

経済的に裕福な華人たちが集まっているシンガポールは、最初から非常に豊かな国でした。しかし、逆に言うとお金はあるけれど、産業も何もないわけだ。水源地もない。

水源がないというのは困るよね。東京23区内には水源地がありません。東京は、群馬県などから水を供給してもらって、東京都民は生活している。シンガポールも水資源の大部分をマレーシアからの輸入に依存しています。

マレーシアから追い出されたのに、水は供給されている。不思議です。

もともとイギリスの統治時代から、シンガポールはマレーシアから水の分配を受けていました。独立する時に、2国間で水の供給に関して取り決めが行われました。現在はまだその約束が生きているので大丈夫ですが、2061年に有効期限が切れてしまいます。

その時に、マレーシアがものすごく高い値段をふっかけてきたら、シンガポールは困りますよね。現在シンガポールでは水の自給率を上げるために、最新テクノロジーを駆使したさまざまな取り組みが行われています。

シンガポールはファインカントリー？

Q シンガポールは、ファインカントリー（Fine Country）だと、よくいわれます。どういう意味かわかりますか？

――楽しい国？

fineという形容詞には、「素晴らしい」という意味がありますね。Fine Country、確かにシンガポールはいい国です。でも、このfineを名詞として使う時の意味は？

――「罰金」です。

そう、よく知っていたね。シンガポールは、「罰金の国」だともいわれています。とにかく、ありとあらゆることに、罰金が科せられる。

たとえば、道にガムをポイ捨てすると、罰金です。それでもポイ捨てする人がいるものだから、ガムの販売を禁止しました。さらに国外からガムを持ち込むものが出てきます。ガムを国外から持ち込むことも禁止されました。

シンガポールに入国する時には荷物検査があります。X線でスーツケースの中に何があるかをチェックし、ガムがあると没収されます。もちろん、普通のゴミでも道路にポイ捨

図表⑦—シンガポールにおける主な違反行為

違反行為	罰則(罰金はシンガポールドル)
禁煙区域での喫煙	1000ドル以下の罰金
人などに飛びかかる性癖のある飼い犬が人や車に飛びかかった場合	
公共の建物・輸送機関の中や公共の道路・歩道で唾を吐いた場合	
住宅地や公共の道路上で他人に迷惑がかかるような音量で楽器を演奏、または騒音を立てた場合	
道路上など公共の場所で泥酔状態で発見された場合	1000ドル以下の罰金または1か月以下の禁固
飲食店等を除く公共の場での午後10時30分から午前7時までの飲酒	1000ドル以下の罰金または3か月以下の禁固
公共物や私有物に落書きしたり、何かを貼り付けたりした場合	2000ドル以下の罰金、または3年以下の禁固、および3打以上8打以下の鞭打ち刑
ゴミやタバコの「ポイ捨て」	5000ドル以下の罰金
横断禁止場所での道路横断	
樹木保全地区内の幹周り1m以上の樹木を無断で切った場合	1万ドル以下の罰金
電子タバコ、電子パイプなどのシンガポールへの持ち込み	1万ドル以下の罰金もしくは6か月以下の禁固、またはその両方の刑
チューインガムのシンガポールへの持ち込み(医療用を除く)	10万ドル以下の罰金もしくは2年以下の禁固、またはその両方の刑

1シンガポールドル=82円(2019年3月現在)
＊罰則の内容は変わることがあります

シンガポールのMRT(地下鉄)駅構内に掲示された罰金の警告板。喫煙1000ドル、可燃物持ち込み5000ドル、飲食500ドル。罰金はないが悪臭を発する果物、ドリアンの持ち込みも禁じているのがユニーク｜写真提供:時事通信社

てをすると、罰金。公衆トイレを使ったあと、トイレの水を流さないで出ると罰金。つまり、それをチェックする人がいるということです。

何かあると、すぐ罰金を取られてしまいます。それで罰金を納めるための日本のＡＴＭみたいな装置が街中のあちこちにあって、簡単に罰金を納めることができるようになっています。

海外に行くと、買い物をする時など身分証明のためにパスポートをチェックされることがあるでしょう。シンガポールでは外国人がパスポートを持たないで外出すると、罰金を取られます。みなさんもシンガポールに行く時は気をつけてください。

徹底的に罰金を科すことで、シンガポールの街は非常にきれいですし、みんなきちんと行列をつくる国になりました（図表⑦）。

現在のシンガポールをつくったのがリー・クアンユー（写真⑦）で、独立から25年間首相だったカリスマ指導者です。名前からわかるように、華人つまり中国系の人です。

写真⑦―リー・クアンユー
｜写真提供：AFP＝時事

1923年、華人の移民4世としてシンガポールに生まれます。イギリスによる植民地時代ですね。戦後、イギリスのケンブリッジ大学に留学。帰国後は、弁護士として活動をしていました。

政界へと進出したリー・クアンユーは、人民行動党という政党を創設して書記長に就任。立法評議会（日本の国会に当たる）選挙に出馬して当選します。そして1959年シンガポール初の総選挙が行われました。人民行動党は勝利し、リー・クアンユーは、イギリス統治下の自治領シンガポールの首相に就任します。

先ほど、シンガポールはマレーシアから追い出されたと言いましたが、この時マレー人優遇政策を取る政府与党に反発したのが、リー・クアンユー率いるシンガポールの人民行動党でした。独立後のシンガポールは、リー・クアンユー首相による国家主導型の開発主義で、急速に発展を遂げます。

Qどのようなことをしたら、国が豊かになると思いますか？

――**外国の企業を誘致する。**

確かにそうだね。でもどうすれば外国の企業が来てくれるんだろう。

――**税金を安くする。**

そのとおりです。法人税や所得税を安くすれば、お金持ちの企業だけではなく億万長者もシンガポールに来てくれます。かつてニッポン放送の株売買をめぐってインサイダー取引の容疑で逮捕され、世の中を騒がせた村上ファンドの村上世彰《むらかみよしあき》氏は、現在シンガポールに住んでいます。

日本の所得税率は最高で45%、地方自治体に納める住民税を含めると55%です。しかしシンガポールは最高22%、日本の半分以下なのです。莫大なお金を稼ぐ人にとって、支払う税金が少ないシンガポールは魅力的です。企業に対する法人税も、日本と比べるとかなり安くなっています。

富裕層が多く移住してきたら、国内の貧富の差は広がります。でも、富裕層は、お金が儲かるビジネスをしています。そのビジネスを持ってきてくれたら、雇用も生まれ、国民もさらに豊かになる。リー・クアンユー首相はそう考えました。

リー・クアンユーが、世界中のお金持ちが移住したくなる国をつくった。それがシンガポールなのです。

シンガポールは明るい北朝鮮？

独立後のシンガポールは、リー・クアンユー首相の手腕によって急激に経済が成長していきます。

ここで、少し疑問が出てきますよね。日本でも、政権交代が行われれば、国の政策も変わります。シンガポールでも、政権交代が起こったら、違った政策になるかもしれません。シンガポールは、選挙によって国の指導者を決める、議会制の共和国です。人民行動党のほかにも、労働者党などの政党があります。でもシンガポールでは、建国以来、一貫して人民行動党が議会議席の大多数を占めていて、人民行動党が政権を取り続けることができるような巧みな仕組みがあるのです。

シンガポールは小選挙区と中選挙区の併用制です。小選挙区は、ひとつの選挙区ごとにひとりの議員を選出する方法です。日本でも、小選挙区は自民党が強いように、与党が強い。特に野党がいくつも分かれていると、票が割れて与党にかないません。シンガポールの場合も、小選挙区は人民行動党が勝利します。

中選挙区制はかつて日本も採用していましたが、やり方が、日本とは違います。日本の中選挙区は、たとえば4人当選する選挙区なら、得票順に4人が当選しました。

でもシンガポールの場合は、立候補者ではなく政党ごとなんです。中選挙区ではその選挙区でいちばん得票数が多かった党が、その選挙区の当選者を独占するんですね。しかも少数民族も必ず立候補させなければいけないという仕組みになっている。つまり、定員が4人の選挙区の場合は、候補者の中にマレー人とインド人と華人がいなければいけない。

そうすると、マレー人だけの政党では候補者を立てられない。マレー人やインド人など少数民族の候補者を立てることができるのは与党の人民行動党だけということになり、結果的に人民行動党が常に圧倒的多数を維持します（p116図表⑧）。

民主的な選挙はちゃんとやっています。選挙の結果、たまたま人民行動党が政権を取っています、というかたちをとっていますが、選挙制度が与党に有利な仕組みになっているんですね。

そのため、シンガポールは「明るい北朝鮮」という呼ばれ方をします。人民行動党による事実上の一党独裁政権なのですが、経済が発展しているものだから、人々の不満があまり表面化しない。

北朝鮮のようなむき出しの独裁国家ではないけれど、選挙では常に人民行動党が結果的に多数派になるのです。現在はリー・クアンユー氏の息子、リー・シェンロン氏が首相を

図表⑧—**シンガポールの選挙の仕組みと結果**

日本で採用されていた中選挙区制
（4人当選区の場合）

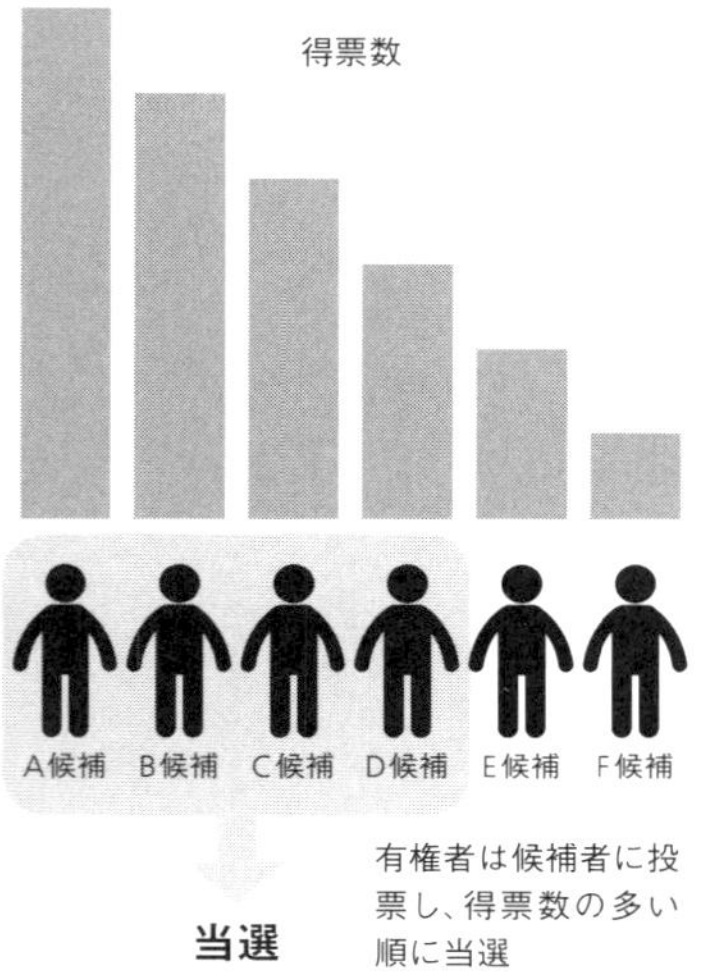

シンガポールの中選挙区制
（4人当選区の場合）

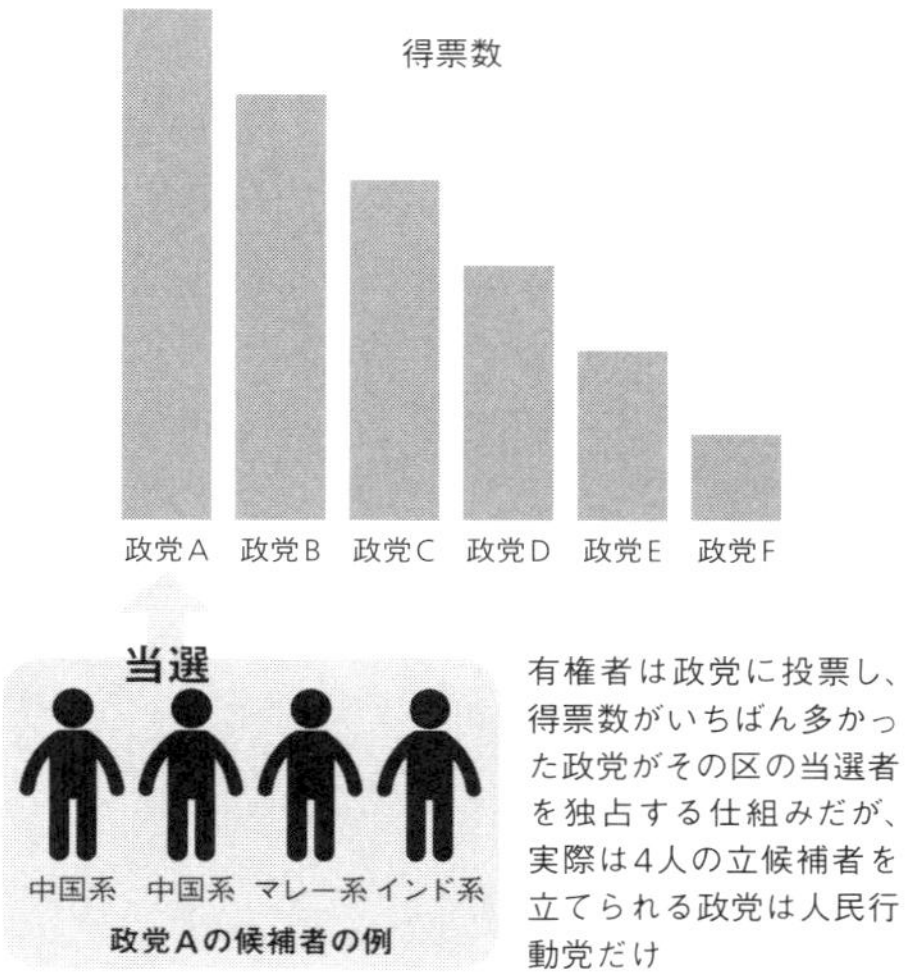

●シンガポールにおける総選挙の結果

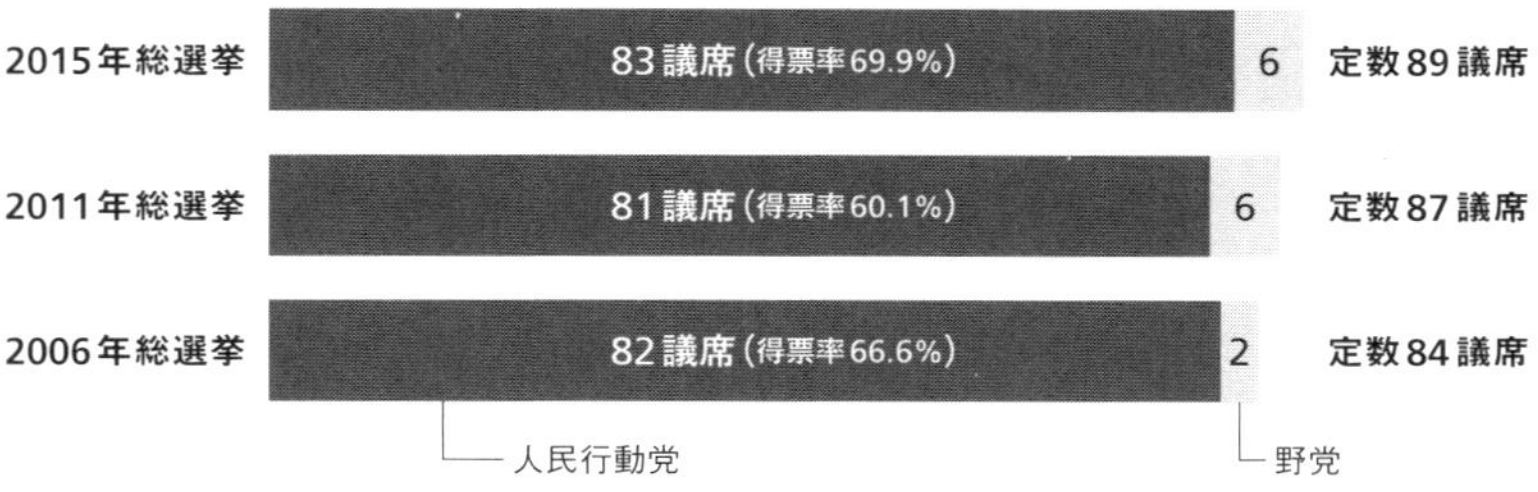

上表は2006年以降の結果だが、1968年の第1回総選挙以来、同様の結果をたどっており、野党が議席を獲得したのは、第5回（1984年）からである。

務めています。

このようにシンガポールは、人民行動党による一党独裁に近いような状態であり、政府の悪口を言うと、逮捕されかねません。でも経済は非常に発展をし、国民ひとり当たりのGDPは日本より上（図表⑨）。政治について文句さえ言わなければ、豊かな暮らしができるというのがシンガポールです。

さらに、外国から優秀な頭脳を集めようと、税制面でさまざまな優遇をする。あるいは、法人税を非常に安くして企業を誘致すれば、世界中から多くの金持ちが集まるというやり方を取っているのです。言ってみれば、「自分の国さえよければいい」ということを徹底しているのがシンガポールともいえるでしょう。

図表⑨―**東南アジア諸国と主要国のひとり当たり名目GDP**｜出典：IMF（2017年）

●東南アジア諸国

順位	世界順位	国名	単位：米ドル
1	9	シンガポール	57713
2	32	ブルネイ	28278
3	72	マレーシア	9755
4	88	タイ	6591
5	119	インドネシア	3876
6	131	フィリピン	2989
7	135	ラオス	2541
8	138	ベトナム	2353
9	139	東ティモール	2237
10	156	カンボジア	1379
11	159	ミャンマー	1278

●世界上位国と主要国

世界順位	国名	単位：米ドル
1	ルクセンブルク	105863
2	スイス	80637
3	マカオ	77111
4	ノルウェー	75389
5	アイスランド	70248
8	米国	59792
19	ドイツ	44769
24	イギリス	39800
25	日本	38449
66	ロシア	10956
76	中国	8643

シンガポールは非常に治安がいいし、街はきれいだし、食べ物はおいしいし、観光客にとっては非常にいいところ。だけど、永住するには、さあ、どうなんだろうと考えさせられますね。

92歳で首相に復活した

それに対して、マレーシアはどうか。シンガポールが抜けたあとも、マレーシアにはインド人や残った華人がいます。現在も、徹底的なマレー人優遇政策をとっています。たとえば、大学。マレー人は優先的に入学できるのです。企業の税金や公務員の採用も、マレー人が優遇されます。

マレーシアでは、１９５７年のマラヤ連邦独立以来、ずっと与党連合の支配が続いてきました。ところが２０１８年、初めて政権交代があったでしょう。選挙で政権交代が起きるようになっている。シンガポールに比べると、民主的なんですね。

マレーシアは、立憲君主制。つまり、王様のいる国です。イスラム教の国なので王様のことをスルタンと呼びます。スルタンがいて、首相がいる。そして、国民の選挙によって、議会の議員が選ばれて、議員の中から首相が選ばれる。日本と同じだよね。スルタンは、日本でいえば天皇にあたる。日本の天皇と同様に、スルタンには政治的な実権はありません。

政治的実権がないという点では日本と同じなんだけど、ユニークなのは、スルタンが輪番制なんです。マレーシアは、13の州に分かれているのですが、そのうち九つの州にはもともとスルタンがいました。13の州が集まって連邦国家をつくった時に、そのトップに戴くスルタンを誰にするかが問題になりました。どの州も、自分のところのスルタンがトップに立ってほしい。

建前としては選挙でスルタンを選びましょうということになりました。なぜ建前かというと、九つの州のスルタンが順番にトップを務める、というやり方を取っているんです。スルタンの任期は5年。それぞれの州のスルタンが、5年ごと順番にマレーシア全体のスルタンになる。5年の任期が終わると、また自分の州のスルタンに戻り、別の州の人が国全体のスルタンになるという、不思議な構造を取っているんですね。そのたびに一応、選挙を経てスルタンが選ばれます。

マレーシア全体のスルタンになる前に死んでしまう人もいれば、長生きの人は、2回務めることもある。それぞれ独立した王国だった州をひとつの国としてまとめなければならない。国を分裂しないようにする、ある種の知恵を働かせたということです。

マレーシアの政治的な実権は首相にあります。マレーシアでは2018年に政権交代が起こり、マハティール（写真⑧）が首相に返り咲きました。当時92歳、世界最高齢首相の誕生です。

マハティールは1981年から2003年まで20年以上もマレーシアの首相を務めていました。15年ぶりの政権奪回です。92歳で再び首相になるとは、高齢化社会の希望の星みたいですが、ちなみに、マハティール首相は、タバコも吸わず、お酒も飲まず、食べすぎない、それが健康の秘訣だと語っています。

マレーシアは「ルック・イースト」

マハティール・ビン・モハマドは、1925年生まれ。シンガポールのリー・クアンユーとは2歳違い。ほぼ同じ時代を生きてきた、こちらも東南アジアのカリスマ指導者です。シンガポールの医科大学に進学し、開業医となったマハティールは、統一マレー国民組織の活動にも加わっていました。1964年の総選挙で連邦下院議員に当選。69年の総選挙後に発生したクアラルンプールの民族暴動に関して、当時のラーマン首相を批判。一時、統一マレー国民組織を除名されます。除名されていた期間に、『マレー・ジレンマ』という著書を発表。マレー人優遇の必要性を訴えました。

統一マレー国民組織に復帰後は、1974年の総選挙で連邦下院議員に返り咲き、ラザク内閣の教育相に就任。フセイン首相時代には副首相を務めます。81年、フセイン首相が引退すると、第4代首相に就任。

マハティール首相も、シンガポールのリー・クアンユー首相と同じ、国家指導型の開発政策を取ります。マハティール首相が前政権時代に取った政策が、「ルック・イースト」です。

Q ルック・イースト、「東を見よ」とは、どんな政策かわかりますか。東とはどこを指すでしょう？

――マレーシアから東を見ると、フィリピンがあります。

残念。アジアのいちばん東の国、そう日本なんです。ルック・イースト政策というのは、日本をモデルにすることでした。

写真⑧―マレーシア、マハティール首相
｜写真提供：AFP＝時事

マレーシアのマハティール首相は、日本に学び、日本に追いつけという政策をずっとやってきました。日本に留学生や研修生を送り、日本の経済発展をお手本にしようとしました。マハティール首相は、１９８１年に首相に就任した当時、国際市場で日本の製品が欧米の製品を負かしているのを見て、「西洋ばかりに目を向けるのではなく東洋を見よう、日本を見習おう、そこから何かを学ぼう」と決めたと言っています。

私は２０１４年に、首相を退任していたマハティール氏と対談したことがあります。その時に、なぜ日本だったのか、日本のどこに学ぶべきものがあると考えたのか聞いてみました。すると、「戦争で大きく破壊された国がこんなに短い間に再建したのには、きっと日本の文化に理由があるに違いない。その価値観の中に、間違ったことをやったら恥ずかしいと思う心がある。何かをやる時にはきちんとやり遂げなければならないという気持ち。これを取り入れれば我々も同じように成功できると考えた」と話してくれました。

何かそう言われるとこそばゆい気がしますが、マレーシアは日本のよいところを取り入れ、悪いところは反面教師として学び続けてきたのです。

――マハティール首相は、もともと与党である統一マレー国民組織の首相ですよね。それなのになぜ今回初めての政権交代が起きたといわれるのですか？

なるほど。そういう疑問も出てきますね。今回の選挙では、マハティール首相は統一マレー国民組織を離れ、野党連合議長として出馬したんです。前ナジブ政権時代は、中国の習近平国家主席が推し進める「一帯一路」への関与を深め、マレーシアへも多くの中国資本を受け入れてきました。

しかしマハティール首相の政治信条はマレー人優遇政策です。中国資本を受け入れ、中国との距離が近くなればなるほど、マレーシアは華人の手に落ちる危険があると考えたのです。そして、統一マレー国民組織と袂《たもと》を分かち、マレーシア統一プリブミ党を結成。野党連合を組み、その議長として選挙を戦ったのです。

中国を受け入れるか。それとも中国と距離を置くか。どちらの政策がマレーシアにとって正解なのかはわかりません。今回の総選挙では、マレーシアの国民はマハティール首相を選んだ、ということです。

シンガポールほどではありませんが、マレーシアの経済も急激に成長しています。シンガポールは選挙制度を人民行動党に有利にすることによって一党独裁を続けている。マレーシアの場合は、政権交代が行われた。だから、マレーシアのほうが民主的である。しかし、その根底にはマレー人優遇政策という排他的な考え方がある。非常に不思議な国。その両面を見なければいけないでしょう。

――本題とは関係ないのですが、太平洋戦争が終わったあと、日本人は「エコノミック・アニ

マル」と呼ばれていました。その時代、東南アジアとの関係はどんな感じだったのか教えてください。

高度経済成長期の日本を指して、「エコノミック・アニマル」という言い方がされました。東南アジアだけではなく、アメリカやヨーロッパからもそう呼ばれました。経済的な利益だけを追求する動物だ、という意味です。

1970年代前半に田中角栄総理大臣がタイに行った時、ものすごい反日デモが起きました。太平洋戦争が終わったあと、経済が復活した日本がさまざまな製品をどんどん輸出してくる。

東南アジアはこれから経済発展しようとしているのに、市場は日本製品に席巻されてしまっている。そういうことに対する反発があって、日本は自分の金儲けのことしか考えていないのではないか。東南アジアのことをちっとも考えていないのではないか。そういう反日感情が爆発していたのですね。

この時に日本は、そんなふうに見られているんだ、と多くの人が気がついた。東南アジアと向き合ううえで、大きく反省させられたのです。そこから、日本の外交政策にしても、あるいは経済支援についても、自分の国の金儲けということではなく、それぞれの国の発展につながるような考え方がなされるようになりました。

今では、東南アジアの国々自体も経済が発展してきて、みんな自信を持っていますから、日本に対して「エコノミック・アニマル」と呼ぶような批判的な感情はかなり影を潜めています。

日本は現在、韓国や中国とはあまりうまくいっていないけれど、東南アジアの国々からは尊敬されています。それをまさに日本の財産として大切にしていかなくてはいけないのではないかと思います。

第4章
インドネシア

世界最大のイスラム教の国

「イスラム教の国を挙げてください」と質問されると、すぐに思い浮かぶのは中東の国々の名前だと思います。確かに中東にはイスラム教徒が多い。中東で最も人口が多いのがイランで、約8000万人。その98%がイスラム教徒です。中東すべての国を合わせると、3億人以上のイスラム教徒がいます。

では、最もイスラム教徒が多い国はどこか。それは、インドネシアなのです。インドネシアの人口は、2億5500万人で、約90%がイスラム教徒といわれています。実に2億人以上のイスラム教徒が暮らす世界最大のイスラム教の国なのです（図表⑩）。なぜでしょうか？

インドネシアは大航海時代より前から、イスラム商人と香辛料の取引をしていました。彼らは交易を通してイスラム教を布教しました。13世紀には、東南アジアにイスラム国家が成立しています。その後、17世紀になってオランダがインドネシア一帯を支配しますが、キリスト教でもプロテスタントの国だったので、カトリックの国のようにキリスト教を強く押しつけることはなかったのです。そのためイスラム教が残りました。

イスラム教は、アラビア半島のメッカでムハンマドが神の声を聞いたとして、その言葉を伝えたところから始まり、世界各地に広がっていきました。メッカは現在のサウジアラビアにあります。だから、サウジアラビアは非常に厳格なイスラム教の国なのです。

サウジアラビアの女性たちは、体をマントのようなものですっかり隠し、顔も目以外の部分は全部隠すニカブを着用しています。女性はひとりで外に出ることは望ましくないとされています。最近になって、ようやく女性が自動車を運転してもいいということになり

図表⑩—**世界のイスラム人口**｜出典：ピュー・リサーチセンター

国別イスラム教信者数ランキング（2010年）

順位	国名	信者数（千人）	その国における信者数の割合（%）
1	インドネシア	204,847	88.1
2	パキスタン	178,097	96.4
3	インド	177,286	14.6
4	バングラデシュ	148,607	90.4
5	エジプト	80,024	94.7
6	ナイジェリア	75,728	47.9
7	イラン	74,819	99.7
8	トルコ	74,660	98.6
9	アルジェリア	34,780	98.2
10	モロッコ	32,381	99.9
11	イラク	31,108	98.9
13	アフガニスタン	29,047	99.8
15	ウズベキスタン	26,833	96.5
16	サウジアラビア	25,493	97.1
19	シリア	20,895	92.8
20	マレーシア	17,139	61.4
	世界全体	1,599,700	世界の人口の23.2%

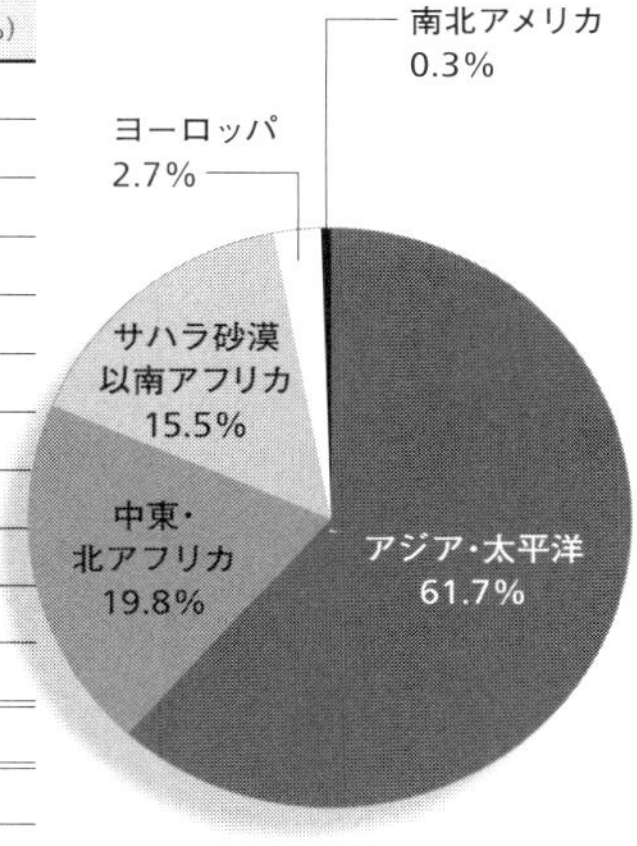

地域別イスラム教信者の割合
（世界全体）

ましたが、厳密にいうと、運転免許を取ることができるようになったというレベルです。サウジアラビアの女性がニカブを着けずに髪の毛を全部出したまま歩いているシーンをユーチューブ（YouTube）にあげたら大騒動になり、そこに出ていた女性が逮捕されるという事件もありました。

このように聖地メッカを抱くサウジアラビアではイスラム教の戒律は非常に厳格ですが、遠くに行けば行くほど、つまりメッカから離れれば離れるほど、イスラム教の戒律から厳しさが薄れていきます。インドネシアまで行くと、髪はスカーフなどで隠していますが、ニカブで顔全体を隠している女性は、まず見かけません。体の線がはっきり出るようなおしゃれな格好をしている女性も見かけます。

服装に関しては、気候とも関係があります。サウジアラビアは砂漠の国です。気温は40度から50度にもなりますが、空気は非常に乾燥しています。黒いマントのようなものをすっぽり被《かぶ》ると、暑さの中でも過ごしやすくなるんです。空気が乾燥しているから、日差しや熱風さえ遮れば、それなりにしのぎやすいんですね。サウジアラビアやアラビア半島の女性たちが黒いマントをすっぽり被っているのは、イスラム教の戒律に忠実であるばかりではなく、実は気候においても合理的な服装なんです。

ところが、東南アジアに位置するインドネシアは、熱帯雨林気候で高温多湿。日本の夏でも、黒いマントをすっぽり被って外出なんてできないでしょう。インドネシアでそんな格好をしていると、蒸し暑くて体がもたない。宗教の戒律の問題もある一方で、気候風土によっても服装は変わってくるのですね。

イスラム教には、大きく分けてスンナ派とシーア派があるのは知っているよね。全イスラム教徒の8割を占めるといわれている多数派がスンナ派。日本のメディアはスンニ派と呼んでいますが。インドネシアに渡ってきたイスラム教はスンナ派です。サウジアラビアもスンナ派です。最も戒律が厳しいサウジアラビアと比較的緩いインドネシアが同じスンナ派だというのも不思議ですよね。

メッカから離れるから戒律が緩くなるのか、あるいは気候風土の影響なのか。イスラム教徒の女性たちの服装の違いは、研究対象としても面白いのではないかと思います。

Q 地図を広げてインドネシアを見てください。どんな特徴が見られますか?

——たくさんの島から成り立っています。

Q では、インドネシアにはどのくらいの島があると思いますか?

――500くらいでしょうか？

地図では数えられないよね。実は、その25倍以上。およそ1万3500もあるんです。赤道をまたいで世界で最もたくさんの島々を抱えた国、それがインドネシアです。それほど多くの島々をひとつの国としてまとめていくのは非常に難しい。たとえば、言語ひとつとっても、さまざまな方言や異なる言語が使われています。

数多くの島々の、数多くの言語を持つ人々を国としてまとめるためには、まず共通語を決めなくてはなりません。インドネシア語は、誰もが簡単に覚えられるように、文法なども含めてきわめて単純な構造になっています。ほかの国の言葉に比べて、非常に習得しやすい。たとえば、インドネシア語には、未来形、過去形がありません。すべて現在形です。日本語では、「今日学校に行く」「昨日学校に行った」ですが、インドネシア語では、どちらも「学校に行く」。未来形や過去形によって動詞が変化することがないのです。

リクルートの旅行雑誌や宿泊サイトに『じゃらん』というのがありますが、あれはインドネシア語から来ているんです。「ジャラン」は、インドネシア語で「行く」とか「道」とかいう意味です。

Qでは、「ジャラン・ジャラン」と続けると、どういう意味になると思い

ますか？

——「みんなで行く」？

発想はよかったけれど、正解はちょっと違います。たくさんの道を行くから「散歩」「旅行」という意味になるんです。シンプルな言語なので、わかりやすい。

東インド会社から株式会社が始まった

インドネシアは、17世紀にオランダの植民地になりました。なぜ、オランダはインドネシアを植民地にしたのでしょう。ここで登場するのが「東インド会社」です。ヨーロッパのいろいろな国が東インド会社をつくりましたが、イギリスの東インド会社が世界最古。オランダは早くから東インドと交易していましたが、複数の貿易会社がばらばらに活動していて、まとまった組織ではありませんでした。１６０２年にそれらをまとめて、オランダの東インド会社が設立されました

オランダの東インド会社は、現在に続く株式会社の始まりといわれています。

東インド会社は、インドの東側、つまりインドネシアを開拓するためにつくられました。インドネシアという呼び方は、インドの島々を意味する言葉です。私たちはインドとイン

ドネシアは、まったく別の国というイメージを持っていますが、当時のヨーロッパ諸国から見ると、インドが世界の東の端。そこからさらに東側に連なる、インドの島々という認識だったのです。

Q ヨーロッパの国々は、何を求めてインドのさらに東側を開拓しようとしたのでしょう？

――**胡椒などの香辛料です。**

そうだね。香辛料を求めて、東へ東へと進出してきた。ヨーロッパでは、肉の長期保存が難しかった。塩で水分を抜いたり、乾燥させたりして保存をする方法もあったのですが、なんとか肉を長期保存したい。その願いを叶えたのが香辛料です。

さらに香辛料には、食材をおいしくする効果もありました。インドネシア東部のモルッカ諸島で良質の香辛料が採れることが知られていました。それをヨーロッパに持って帰ることができれば、大儲けできる。そのために考案された仕組みが株式会社の発祥になるのです。どんな仕組みだったのか、見ていきましょう。

香辛料でひと儲けしようという人たちがお金を出し合って、船をつくります。そして、船長を雇い、船長は自分が使いやすい乗組員を集めます。長期にわたる航海には、人件費、食費、燃料費など多額のお金が必要です。それをひとりのお金持ちが全部の費用を負担した場合、もし船が沈没したら投資した資金が回収できなくなって大損してしまうよね。当時は、スエズ運河なんてありません。ヨーロッパから東南アジアへ向かうには、アフリカの最南端、喜望峰をぐるりと回る必要があります。このあたりの海は、激しく荒れることで知られています。沈没の危険も大きい。かなりのリスクを背負った航海でした。香辛料で大儲けができるかもしれないけれど、全財産をなくしてしまうかもしれない。

リスクを回避するためには、どうすればいいか。大勢の人が少しずつ資金を出し合って船を出せば、万一船が戻ってこなくても一人ひとりの損害は少なくてすむ。あるいは船を何隻も用意するだけの資金が集まれば、1隻か2隻戻ってくれれば大儲けできる。その儲けたお金を出資者みんなで山分けしようじゃないかという仕組みが考えられたのです。

このローリスク、ハイリターンの仕組みこそが、東インド会社の大きな特徴でした。さっき東インド会社は「株式会社」の発祥だったと話しましたね。船を出すためにみんなで資金を出し合う。この人たちが投資家、つまり株主に当たります。株主たちが金を出し合って船をつくる。この船が会社です。そして株主たちが船長を選ぶ。これが社長あるいは経営者たる役員たちですね。そして社長が雇う船員が、社員です。株式会社の原形ですね（p136図表⑪）。

図表⑪—**株式会社の原型となった東インド会社**

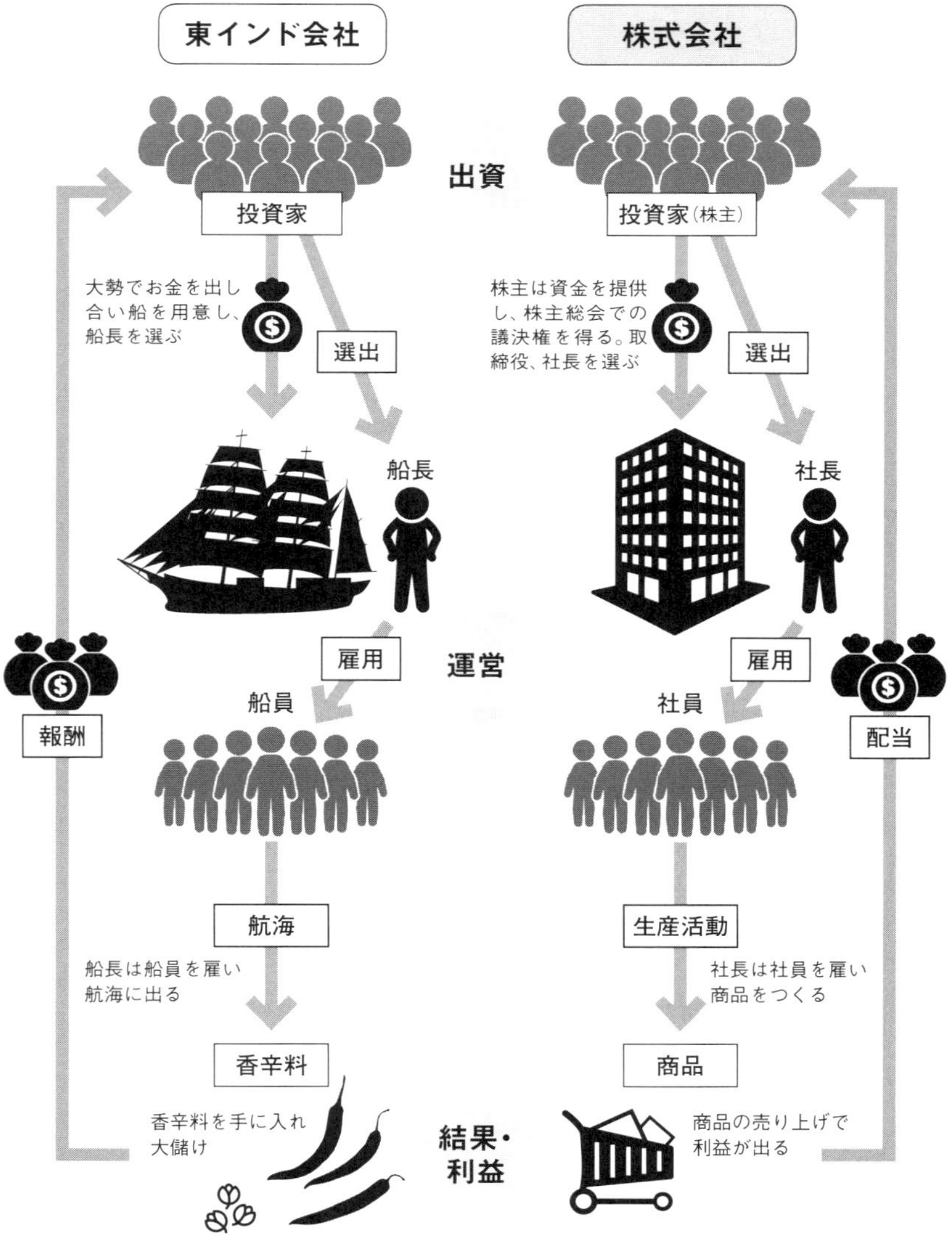

現在でも株式会社には、基本的に年１回の株主総会があるでしょう。株主総会で株主たちが取締役を選びます。取締役は取締役会を開催して社長を選び、そして社員を雇う。株式会社でいちばん偉いのは、お金を出している株主です。経営方針など重要なことを決める時には、必ず株主総会を開きます。そこで経営者は株主に対して、事業計画の提案を行い、株主総会の認可を得て、初めてそれを展開することができるようになります。

逆にいえば、株主総会で「お前なんかクビだ」と言われてしまえば、社長は辞めざるを得ない。建前としてはそういう仕組みになっています。実際には、経営不振に陥ったり、信用を失墜したりするような事件が起こらないかぎり、株主総会で社長がクビになることはほとんどありません。

株式会社の優れた点は、リスクを分散することができるということです。株主にとっても投資額は最初の株を買ったお金だけです。もし、会社が潰れてしまっても、株を買ったお金は戻ってこないけれど、それ以上の負担を強いられることはありません。リスクが非常に限られている。だから株式会社という仕組みが、資本主義経済の中で発展していったのです。

東インド会社が、現在の株式会社と違っていたのは、軍事力を持っていたことです。船で香辛料を取りに行ったら、インドネシアの島民たちが「はいどうぞ」と友好的に渡してくれるわけではありません。当然、現地の人たちと争いになることもある。武力で現地の人を制圧し、香辛料を奪って帰ってくることもありました。オランダの東インド会社が進出することで、インドネシアは植民地化されていったのです。

――先ほどインドネシアは、国をまとめるためにインドネシア語をつくったと習いました。インドネシアがオランダの植民地だった時に、オランダ語を強制されなかったのですか。植民地化する時に、言語を奪って宗主国の言葉に変えてしまうことがよくありますよね。

もちろんオランダの植民地時代、現在のジャカルタなど東インド会社が拠点にしていたところではオランダ語を教え込まれていました。でも、数多くの島からなるインドネシア全体にオランダ語を広げていくのは不可能です。オランダからの独立を果たしたあと、インドネシア政府が現在のインドネシア語で統一したのです。

日本軍の残留兵が一緒に独立戦争を戦った

17世紀から長い間、インドネシアはオランダの植民地でした。しかし第1章でお話ししたように、太平洋戦争の時にＡＢＣＤ包囲網によってエネルギーの供給を止められ、油田を求めた日本軍によって占領されます。日本が戦争に負けてインドネシアから撤退をすると、１９４５年にインドネシアは独立宣言を発表します。

ところが再びインドネシアを植民地化しようと、旧宗主国のオランダが戻ってきました。オランダはインドネシアの独立を認めません。インドネシアはオランダに反発して、独立戦争が起こりました。インドネシア独立戦争は、１９４５年から49年まで続き、80万人が犠牲になったともいわれています。

日本軍は戦争で負けて、インドネシアから引き揚げるのですが、中にはそのまま現地に残りインドネシアの人とともに独立戦争を戦った元日本兵たちがいました。

なぜその日本兵たちは帰国しなかったのですか？

もちろんほとんどの日本兵は帰国しましたが、長い戦争の間に、現地の人と結婚していた人たちもいるわけで、日本兵全員が引き揚げたわけではないのです。インドネシアにかぎらずフィリピンなど東南アジア各国に日本兵は残留。その数は1万人以上にのぼったともいわれています。

インドネシア独立戦争において指導者として活躍したのが、独立後に大統領となるスカルノです。デヴィ夫人が嫁いだ、スカルノ大統領です。スカルノは、オランダによる植民地時代から民族主義の指導者として頭角を現します。１９４５年、日本の敗戦とともに、インドネシア共和国の独立を宣言し、初代大統領に就任します。

オランダからの独立戦争の結果、１９４９年のハーグ協定により、インドネシアへの主権移譲が認められ、国際的にインドネシアの独立が認められます。正式に、インドネシア共和国スカルノ大統領が誕生しました。１９５０年には暫定憲法が制定され、議会制民主主義のもと選ばれた国会議員たちによる内閣がインドネシア政府を運営することになります。

ここで、インドネシアの政治体制を整理しましょう。大統領は国家元首です。大統領のもとに議会が設置され、議会によって首相が選ばれます。

Q 大統領と首相は何が違うのか、わかりますか？

――大統領は、国民から直接選ばれて、首相は議会から選ばれる。

なるほど。そういう仕組みの国もあるね。私たちが国際舞台で目にするドイツのリーダーは、メルケル首相です。でもドイツには大統領もいます。ドイツの大統領は、議会によって選ばれます。インドもモディ首相のほかに、議会によって選ばれた大統領がいる。イスラエルの大統領も議会に選ばれます。一方で、フランスのマクロン大統領は国民によって選ばれています。ということは、選び方ではないんですね。

――大統領は国家元首みたいな立場、首相は政治的な組織のお役人のトップという立場で、大

統領のほうがどちらかというと、偉い。

あなたが言ったとおり、大統領は国家元首。その国を代表する国のトップですね。それに対して、首相というのは行政組織のトップ。財務省や外務省など、いろんな役所を全部束ね上げるトップです。

大統領と首相に関する、各国の事情

フランスや韓国、ロシアのように、国民の直接選挙で選ばれた大統領は大変強い力を持ちます。そして、国家元首である大統領が首相を選ぶというやり方をとっている国が多い。だから大統領は、自分に近い人を首相に任命する傾向にあります。当然ですよね。対立する人を首相にすると、自分の思うような国家運営ができなくなります。ロシアの場合、プーチン大統領の言うことを聞くメドベージェフを首相にしているんですね。

韓国も、大統領が首相を決めるのですが、ロシアとは少しやり方が違います。大統領がこの人を首相にしたいと推薦しても、議会の承認がないと首相には選ばれません。フランスもマクロン大統領のもとで首相がいます。ロシアとも韓国とも異なり、議会の中で最も多数の議席を占めている党のトップが首相に選ばれます。フランスの場合、大統領と議会の多数党が同じ政党なら、なんの問題もない。大統領と、議会の多数党が違う時には、大統領はしぶしぶ自分とは違う党の人を議会の中から選ばないといけない。いわゆるねじれが、時々起こります。

これらは、国民による直接選挙で大統領が選ばれる国の話です。では、直接選挙で大統領が選ばれない国の場合はどうなのか。

代表的な国がドイツです。現在のドイツのリーダーはメルケル首相です。ドイツはCDU（キリスト教民主同盟）とCSU（キリスト教社会同盟）などによる連立内閣です。当然この2党が多数を占めています。メルケル首相は、CDUの党首でした。最近求心力が低下して、後継者の党首が選ばれましたが、議会の多数派の政党の中からメルケル首相が選ばれている。

首相は、行政のトップです。国家元首も必要なので、大統領は議会が選びます。ということは、ドイツの大統領は国家元首ですから、国内外のいろんな式典に列席しますが、政治的な権力は持っていないのです。インドの大統領やイスラエルの大統領も同じです。

ただしアメリカだけは特殊で、大統領は国家元首であると同時に、首相のような存在です。たとえば、国務長官や教育長官、商務長官などを集めた閣議が毎週開かれます。その閣議を主催しているのは大統領。行政に対しても強大な権限を持っています。つまり独裁者のような大統領が出てくる可能性も否定できない。だから大統領の圧倒的な権力に対して、アメリカ連邦議会が抑止力となっています。このことについては『池上彰の世界の見方 アメリカ』に詳しく書いてあります。

大統領がいない国もあります。イギリスの国家元首は、エリザベス女王です。首相はテリーザ・メイ。メイ首相は、議会で多数を占めている保守党のトップだから首相に任命されています。議会選挙の結果、議会の中で多数を占めた政党のトップをエリザベス女王が首相に任命する。あくまで首相は女王から任命されたというかたちですが、エリザベス女王は政治的な権限はありません。ベルギー、オランダ、デンマーク、スウェーデン、ノルウェーなど、国王や女王がいて国家元首を務める国は、イギリスと同じような構造になっています。

敵を研究したアメリカと排除した日本

Q 日本にも大統領はいません。では、日本の国家元首は誰でしょう?

――天皇陛下だと思います。

そうだね。一般的には天皇陛下が国家元首のような役割を果たしていると見られています。ところが、日本の憲法には国家元首という規定がありません。憲法を読むと、天皇については「日本国民統合の象徴」と書いてあります。どこにも、国家元首とは書いていない。もし日本の国家元首は誰かという試験問題が出たら、「明文規定はない」というのが正解です。

それでも日本の国家元首は誰か、という問題は残ります。海外から大使が日本に赴任してくるでしょう。大使は、必ず自国の国家元首から預かった親書を持ってきます。赴任先の国家元首にそれを届け、私はこの国の代表ですから承認してくださいという手続きを取ります。日本で、その親書を誰に届けるかというと、天皇に届けます。つまり海外の国々から見ると、日本の国家元首は天皇だということです。

余談ですが、外国の大使が天皇に自国の国家元首からの親書を届ける時に、宮内庁に対して天皇陛下のご都合はどうですかと尋ねます。日程が決まると、必ず宮内庁側からその大使に対して、「お迎えを出しますが、自動車がいいですか、馬車がいいですか」と聞くんですね。ほぼ100%の大使が、馬車にしてくださいと答えるそうです。もちろん大使館まで馬車で迎えに行くわけではありません。あくまで形式的なものですから、東京駅の丸の内の中央口まで迎えに行って、そこから馬車に乗って皇居前広場を通って、皇居の中に入っていきます。大使といっても、現代では馬車に乗る機会はなかなかない。だから馬車を選ぶのでしょうね。

――アメリカはなぜ日本を統治した時に、自分の国と同じ大統領制にしなかったのですか？

アメリカの文化人類学者ルース・ベネディクトが書いた『菊と刀』という本を知っていますか。この本はアメリカが日本のことを研究した結果をもとに書かれています。いずれ日本を統治することになるだろうから、日本の文化のことも知っていなければいけない。アメリカはそう考えて太平洋戦争に参戦するにあたって日本のことをあらかじめじっくりと研究していたのです。

これに対して日本はどうだったか。日本では、英語のような敵性語を使ってはいけないと排除しました。英語はすべて日本語に言い換えます。野球の「ストライク」は「よし」、「ボール」は「だめ」。冗談じゃなくて本当にこういう言い方がされていたんです。

横浜のフェリス女学院も、フェリスなんていう外国語はだめだ、ちゃんと日本語に直せと指導されます。どんな名前になったか。横浜の山手にあるから、横浜山手女学院と名前を変更させられました。学習参考書などをたくさん出している旺文社という出版社がありますす。戦前は、欧文社という名前でした。敵の国の文化を学ぶような名前はけしからんと、旺文社に変えさせられた。でもこれがすっかり定着したものだから、戦後になっても社名は旺文社のままです。

逆にアメリカは、敵のことを知らなければいけないというので、軍隊の中に大量の日本語要員を養成しました。日本の文化を学んだことによって、日本を好きになる人も出てきました。日本文化研究の第一人者であるドナルド・キーンさんもそのひとりです。２０１９年２月に亡くなりましたが、軍隊で日本語を学び、日本のことが大好きになり、日本にやってきた。東日本大震災のあと、ついに日本国籍を取得しました。

日本はどんな国かということを研究した結果、もし天皇を殺したり排除したりすると、日本は混乱するだろう。天皇はそのままにして、その上にＧＨＱを置けば、国が混乱することはないだろう。そう考えて日本の統治を行ったのです。行政組織や統治機構がそのまま残った結果、混乱なく戦後復興を行うことができたのです。

スカルノ大統領の独裁が始まった

ずいぶん話が脱線しましたが、なぜ大統領と首相の話をしたかというと、インドネシアのスカルノ大統領も、最初は国家元首だったけれども、政治的な力はほとんどなかったんですね。インドネシアでは、選挙で選ばれた議会の長である首相が政治のリーダーでした。

インドネシアでは、独立後も政党間の対立が続き、政局が混乱。国家分裂の危機へと向かい、インドネシア国民は政党政治家たちへの不満を募らせます。スカルノ大統領には政治的な実権はありません。しかし、反植民地運動の闘士だったスカルノは大衆には人気がありました。そこで政治的混乱の原因はすべて議会制にあるとして、議会を解散させます。言ってみれば、ある種のクーデターを起こしたのです。さらに憲法を停止して、大統領にすべての権限を集中させます。ここにスカルノ大統領による独裁が始まりました。

スカルノ大統領をヒトラーになぞらえるのは失礼かもしれませんが、ヒトラーは第二次世界大戦前に選挙によって首相に選ばれています。そして、国会議事堂への放火事件の大混乱に紛れて、憲法の緊急事態条項に基き大統領緊急令を発令させ、世界で最も民主的だといわれていたヴァイマル憲法を停止します。ヒトラーに権力が集中するように、大統領と首相を兼ねた総統という地位をつくってしまったのです。

大衆の支持で選ばれたあと、独裁的な力を持っていく。そういう視点から見ると、インドネシアにおいても同じようなことが起きたのだといえます。インドネシアでは、スカルノ大統領が絶対的な力を持つようになります。その結果、国会は解散。国会議員は大統領が任命をするというかたちに変わりました。

議員を大統領が任命するのですから、議会はイエスマンばかり。大統領の思うままの政治が繰り広げられます。この体制は「指導される民主主義」と呼ばれました。でも、民主主義じゃない、独裁だろうとツッコミを入れたくなりますよね。ヒトラーやスカルノのような独裁が生まれると、民主主義ってなんだろうと考えさせられます。

ひとりの人間が国を支配するという点では、独裁は専制と似ています。大まかに言うと、専制は絶対的君主、つまり王様が支配する政治体制のことです。王家は代々世襲される。それに対して独裁制は、独裁が実現するまでの過程においては、民主主義的な選挙の仕組みがあって、選挙によってリーダーが選ばれることが多い。ただ、選ばれたリーダーがにわかに独裁者になっていく。あるいは、民主的な政治制度のもと、クーデターを起こして、政権を奪取する。インドネシアのスカルノ大統領は、王様でもなんでもない。だから、専制ではなく独裁です。

独裁国家といわれてみなさんが真っ先に思い浮かべるのは、北朝鮮でしょう。でも北朝鮮の場合は、少し特殊です。朝鮮民主主義人民共和国ができた時には、一応、選挙によってリーダーが選ばれました。しかしトップに立った金日成《キムイルソン》が、独裁に転化。金日成が亡くなると息子である金正日《キムジョンイル》がトップに就任。さらにその息子の金正恩が後を継ぐという、世襲が行われています。北朝鮮は、独裁から専制へと移行したのです。

さて、インドネシアにおいて、スカルノ大統領の独裁体制が始まりました（写真⑨）。当然、インドネシアにもいろんな考え方を持つ人たちがいるわけですね。スカルノの独裁的なやり方に反発したのがインドネシア国軍です。スカルノは国軍と対抗するためにもうひとつの巨大勢力であるインドネシア共産党に接近します。

共産党の事実上の一党独裁になっていた中国を除くと、インドネシア共産党は世界最大の共産党でした。300万人の共産党員を擁していたといわれています。スカルノ政権は共産党と仲よくなることで軍を抑え込むという、微妙なバランスの上に成り立っていたのです。

50万人の共産党員が虐殺された

1965年にスカルノ大統領の健康悪化が

写真⑨—スカルノ（右）と金日成（1965年4月）｜写真提供：UPI＝共同

表面化したことで、大変な事件が起こります。当時、経済が悪化していたインドネシアは、国軍と共産党の対立が深まっていました。

インドネシア共産党は中国共産党と非常に密接な関係を持っていました。中国共産党のリーダーは、毛沢東です。「権力は銃口から生まれる」という毛沢東の有名な言葉があります。武力を使って初めて政権をとることができるという意味です。実際に中国の場合、毛沢東の中国共産党は国民党との戦争に勝利することで権力を獲得しました。革命とは、武力革命なのだ。軍事力で革命を起こして権力を取らなければならないというのが、毛沢東の考え方です。

インドネシアには共産党員が３００万人もいるじゃないか。武力をもって、インドネシアを共産党の一党独裁の国にしてしまえばいいだろう。インドネシア共産党は、国軍を抑え込まなければならないと行動を起こします。国軍幹部の将軍6人を暗殺したのです。9月30日に発生したので「9月30日事件」と呼ばれています。この事件はインドネシア共産党が、毛沢東から武装蜂起をしろと命じられたのではないかと推測されました。

インドネシア共産党は、国軍を抑え込むことで一挙に武装蜂起をしようとした。この時に、国軍を率いて対抗したのがスハルトです。スハルトは共産党の行動をいち早く察知し、国軍を動員して共産党に対する攻撃を始めます。事件の首謀者はインドネシア共産党と断定。共産党員や党の支持者を次々に粛清していきます。インドネシア共産党300万人のうち、50万人が虐殺されたといわれています。

なぜこんな事件が起きたのか。有力なのが先ほどお話しした、毛沢東の指示を受けたインドネシア共産党が武力革命をしようとしたので、国軍がそれを抑え込んだという説。

そしてもうひとつ考えられるのが、スカルノの健康状態が悪くなったのを知ったスハルトが、クーデターを起こして権力を掌握したいと考えた。共産党によって軍の将校が殺されたのをきっかけに、共産党を潰しにかかったのだという説もあります。でも、いまだに真相はわかっていません。

共産党が武力革命をやろうと計画していたのであれば、武器を持っていつでも戦える態勢になっていたはずでしょう。ところが、国軍の攻撃を受けてむざむざと50万人も殺された。そう考えると、インドネシア共産党が武力闘争をしようとしていたのかどうか、疑問だという見方もあります。

真相は闇の中ですが、事実として50万人の共産党員が殺された。中国共産党と非常に親密だったインドネシア共産党は華人、つまり中国系の人が中心だったんですね。それに対して、中国系ではない国軍が華人の共産党を攻撃した。

インドネシアは世界最大のイスラム教国です。共産党は、神の存在を否定しています。

いわゆる無神論者です。イスラム教徒の中には、神を否定するやつは許しがたいと思っている人たちもいる。国軍による共産党への攻撃をきっかけに、一般のイスラム教徒も、中国系の人たちはみな共産党員だと言って無差別に虐殺する。そんな凄惨な事件へと発展していったのです。

こんなにひどい事件の真相が、なぜ闇の中に隠されたままなのか。「9月30日事件」のあと、インドネシアの人たちはみな口をつぐんでしまいます。国民同士が殺し合いをした。もしかすると隣人同士が殺し合ったかもしれない。そんな恐怖から、事件に触れると自分にとって不都合な真実が明らかになってしまうかもしれない。インドネシアの人にとって長らくタブーになっていました。

ようやく最近になって、当時、何が起きていたのかというドキュメンタリー映画がつくられました。ごく普通の生活をしていた人たちに「9月30日事件」の時、何をしていたのかと、丹念に聞いていく。実は、たくさんの人を殺した。そういう証言が次々に出てきました。あの時、何が起きたのか。少しずつ明らかになってきている。それでもまだインドネシアでは「9月30日事件」を公然と語ることはありません。

漢字のないチャイナタウン

この暗い歴史の傷跡が、今も残っている場所があります。ジャカルタのチャイナタウンに行くと、漢字をほとんど見かけません。不思議ですよね。アメリカでも、イギリスでも、世界中どこへ行ってもチャイナタウンは漢字であふれているのに。

なぜ、ジャカルタでは漢字がないのか。事件当時スハルトは、インドネシア共産党は中国共産党の毛沢東から指示を受けているのではないかと疑っていました。スハルトたちインドネシア人は漢字が読めません。華人たちに漢字を使われると、中国とインドネシアの共産党が秘密の連絡を取り合っていてもわかりません。そこで、インドネシアでは漢字の使用を禁じました。さらに漢字の本を持ち込むことも禁止されました。

もちろん今では、そんな規制はありませんが、漢字の本すら中国共産党からの秘密指令の文書ではないかと疑ったのです。個人の家では中国語を使っている人もいますから漢字はあるのですが、お店の看板は全部インドネシア語になっています。インドネシアのチャイナタウンは、世界で最もチャイナタウンらしくないチャイナタウンなのです（p154写真⑩）。

みなさんも、インドネシアに行く機会があったら、ジャカルタに立ち寄って、チャイナタウンの風景を見てきてください。漢字がなかったら「9月30日事件」の後遺症があるということです。

「9月30日事件」によって、共産党に近かったスカルノは失脚します。事件の翌年1966年にスハルトが実権を奪い取り、スハルトによる「指導される民主主義」が継続されます。スカルノ前大統領は、健康状態が思わしくなかったこともありますが、軟禁状態に置かれ、1970年に亡くなりました（図表⑫）。

スハルト大統領による独裁政権のもとで、経済が急激に成長していきます。シンガポールやマレーシアも同じですよね。独裁的な指導者の力によって経済が発展する。韓国でも、朴槿恵《パククネ》前大統領の父である朴正熙《パクチョンヒ》が大統領の時に、独裁

写真⑩―漢字が規制されていた当時のジャカルタのチャイナタウン｜写真提供：共同通信社

図表⑫—**スカルノの生涯**

年	年齢	できごと	スハルトの動向
1901	0	ジャワ島東部のスラバヤで生まれる。父は小学校教諭	
1916	15	スラバヤのオランダ式の高校に進学。この頃、民族主義に目覚める	
1921	20	現バンドン工科大学入学、土木工学を学ぶ(1926年卒業)。学生時代はインドネシアの独立運動に積極的に参加	この年、スハルト生まれる
1928	27	インドネシア国民党を結成	
1929	28	オランダの弾圧に抗議して逮捕、投獄される(1931年恩赦により釈放)	
1933	32	2回目の逮捕、流刑となる(1942年、日本軍により釈放)	
1945	44	8月17日、日本降伏とともに独立を宣言。初代大統領となる	1940年、スハルト、オランダの東インド陸軍に入隊
1955	54	第1回アジア・アフリカ会議(バンドン会議)を主催し、インドネシアの存在を誇示	
1959	58	議会制民主主義体制を取り下げ、大統領に権力を集中させる。スカルノの独裁体制が始まる	
1962	61	日本人の根本七保子さん(デヴィ夫人)と結婚	この年、スハルト、陸軍戦略予備軍の司令官に就任
1963	62	終身大統領となる	
1965	64	健康状態が悪化 インドネシア国軍と共産党の対立が深まる 「9月30日事件」発生	スハルトが事態収拾にあたり、鎮圧
1966	65	スハルトが実権を握る	
1967	66	大統領の全権限を剥奪される	
1970	69	6月、病没	1968年、スハルト、第2代大統領に就任

スカルノ(左)とスハルト(右)

| 写真提供:Bridgeman Images / 時事通信社(左)、時事通信社

的な力を持って経済を発展させました。

「開発独裁」という言葉があります。経済発展の途上にある国の政府が国民の民主的な政治参加を抑制しつつ、急速な発展と近代化を目指す体制のことをいいます。これによって経済が発展し、国民の生活も豊かになると今度は、独裁体制に対する不満や反発が生まれてきます。1998年、ちょうど東西冷戦が終わる頃に、インドネシアで民主化運動が起こります。スハルト大統領は退陣を迫られ、ついに30年以上に及ぶ独裁政権に幕が下りました。スハルトの退陣後、民主化運動はさらに活発化し、言論の自由、表現の自由、政党結成の自由などが次々と認められていきます。

スハルト大統領の開発独裁によって経済力をつけた国民たちによって、スハルトは退陣させられ、インドネシアに自由化がもたらされた。少し皮肉な感じもしますね。そして国民の選挙によって選ばれた大統領が民主的な政治を行います。現在の大統領は、ジョコ・ウィドドという、とても庶民的な人です。

憲法を無効化して独裁者に

――スカルノ大統領は、すべての権限を大統領に集めることで独裁政権をつくりました。日本

だと憲法があって、独裁化するのは難しいと思うのですが、当時のインドネシアにはそういうルールは何もなかったのですか？

もちろんインドネシアにも憲法はありました。先ほど話したように、スカルノはヒトラーと同じように憲法を無効化しちゃったんです。憲法は、国民を縛るものじゃなくて、時の為政者の暴走を防ぐためにあるということは知っているよね。国民が守らないといけないのは、憲法のもとで制定されたさまざまな法律です。だから憲法は守ることが大前提なんです。ところが憲法を守りたくない人が選挙によって選ばれて権力者になる。その人が憲法を停止すると、独裁が起こってしまうのです。

ヒトラーはヴァイマル憲法にあった緊急事態条項をうまく利用しました。戦争や紛争が起こった時に、議会を開いていろんなことを決めていたのでは、時間がかかりすぎるでしょう。非常事態を宣言することで、国のトップに権限を集中させることができるという条文があるのです。日本でも憲法を改正して「緊急事態条項」を付け加えようという議論があって、世論も二分されていますよね。

ヒトラーやスカルノと少し違うやり方で独裁的な力を握ったのが、トルコのエルドアン大統領ですね。エルドアン大統領は、２００３年から２０１４年まで首相を務めていました。トルコでも大統領は、あくまで国家元首。政治的な力は持っていなかった。政治的な権力は首相にあります。

首相を任期いっぱい務め終えたエルドアンは、次は大統領になろうと考えたのです。そして大統領に絶対的な力を与えようと、自らが首相の時に憲法改正案を出したのです。国民から相当な反対もありましたが、大統領は国家元首であり、さらに政治的権力もすべて大統領に集約されるという憲法改正が成立します。現在のトルコでは、エルドアン大統領は圧倒的な力を持っています。エルドアンは首相の時代に、新たな首相官邸の建設を始めました。そこには部屋が1000室もあるそうです。ところが、エルドアンが大統領になった途端、首相官邸は大統領官邸として使われることになりました（笑）。

――スハルトはクーデターで政権を奪いましたよね。「クーデター」と「革命」はどう違うんですか？

日本でもクーデターがあったでしょう。

――二・二六事件。

そうです。1936年に起こった二・二六事件。1932年の五・一五事件もクーデターです。軍が動いて政権の転覆や首相暗殺を計画したわけでしょう。五・一五事件では犬《いぬ》養毅《かいつよし》首相が暗殺されます。二・二六事件は、岡田啓介首相は難を逃れたものの、高橋是《これ》清《きよ》蔵相らが殺害されました。

では、クーデターと革命はどう違うか。クーデターは、「国家への一撃」という意味のフランス語です。つまり体制の中での政権交代を、軍事力を使って行う。クーデターにおいては、体制はそのままです。首相を暗殺する、軍が権力を握る。五・一五事件や二・二六事件で首相を殺そうとしたからといって、天皇をトップに据えた体制を変えようとはしていない。これがクーデターです。

それに対して革命というのは、それまであった権力を根っこから転覆させて新しい権力を打ち立てること。政治体制だけではなく、経済体制やら何から何まで全部、下からひっくり返そうとします。ロシア革命がそうですね。皇帝が支配していたロシア帝国を、皇帝一族を皆殺しにして、レーニンやスターリンがトップに立つ。政治体制も皇帝による専制主義から社会主義へと移行しました。

この定義に照らせば、明治維新というのは、「明治革命」ではないかという考え方を持つ歴史学者もいます。明治維新は人がそれほど殺されていないので革命のようには思えないけれど、江戸幕藩体制が崩壊して、武士階級が没落する。天皇のもとで薩長によって新しい政治体制ができた。この時に旧幕府軍と新政府軍が激突する戊辰戦争が起きたでしょう。これは内戦だよね。つまり明治維新とは、日本で革命が起きて革命勢力と反革命勢力の内戦が起きたという捉え方もできる。現在の日本にいると、クーデターや革命という言葉は縁遠い気がしますが、国際水準の視点で見ると、クーデターや革命は日本でも起きているのです。

「人口ボーナス」と「人口オーナス」

さて、この章の最後にインドネシアの経済成長を占う「人口ボーナス」と「人口オーナス」というお話をしましょう。「人口ボーナス」というのは、若い人口が急激に増えることによって、ボーナスをもらったように国の経済が発展をすることをいいます。

戦後の日本の場合を見てみましょう。戦争から帰ってきた人たちが結婚をして、子どもが生まれる。ちょうど1947年から49年（昭和22〜24年）にかけてベビーブームが起こりました。ヨーロッパにおいてもアメリカにおいてもほぼ同じ時期に起きています。この時期に生まれた人たちのことをベビーブーマーと呼びます。日本では「団塊の世代」と呼ばれますね。

ベビーブーマーたちが成長し、やがて働くようになると、大きな労働力が生まれます。労働力が豊富に供給される一方で、ベビーブーマーたちは活発に消費をする。これによって経済が急激に発展をしていく、というわけですね。

図表⑬—各国の中位年齢と出生率ランキング

●中位年齢

出典：国連（2015年）

順位	国名	歳
1	日本	46.348
2	イタリア	45.908
3	ドイツ	45.894
4	ポルトガル	43.907
5	マルティニーク	43.700
6	ブルガリア	43.478
7	ギリシャ	43.331
8	オーストリア	43.221
9	香港	43.196
10	スペイン	43.152
27	フランス	41.195
36	イギリス	40.226
38	シンガポール	40.028
46	ロシア	38.729
49	タイ	37.830
51	アメリカ	37.621
56	中国	36.951
85	ベトナム	30.443
90	ブルネイ	29.997
101	インドネシア	28.010
104	マレーシア	27.676
105	ミャンマー	27.664
131	フィリピン	24.094
133	カンボジア	23.950
140	ラオス	22.655
187	東ティモール	17.406
	世界計	29.62495

●女性ひとりあたりの出生率

出典：世界銀行（2016年）

順位	国名	歳
1	ニジェール	7.239
2	ソマリア	6.267
3	コンゴ民主共和国	6.112
4	マリ	6.057
5	チャド	5.947
6	ブルンジ	5.697
7	アンゴラ	5.694
8	ウガンダ	5.591
9	ナイジェリア	5.526
10	東ティモール	5.503
63	フィリピン	2.925
74	ラオス	2.698
77	カンボジア	2.560
92	インドネシア	2.363
100	ミャンマー	2.207
116	マレーシア	2.037
124	フランス	1.960
125	ベトナム	1.954
131	ブルネイ	1.874
137	イギリス	1.800
137	アメリカ	1.800
163	中国	1.624
174	ドイツ	1.500
176	タイ	1.482
184	日本	1.440
201	シンガポール	1.200
	世界計	2.43902

日本の人口ピラミッド（2017年）

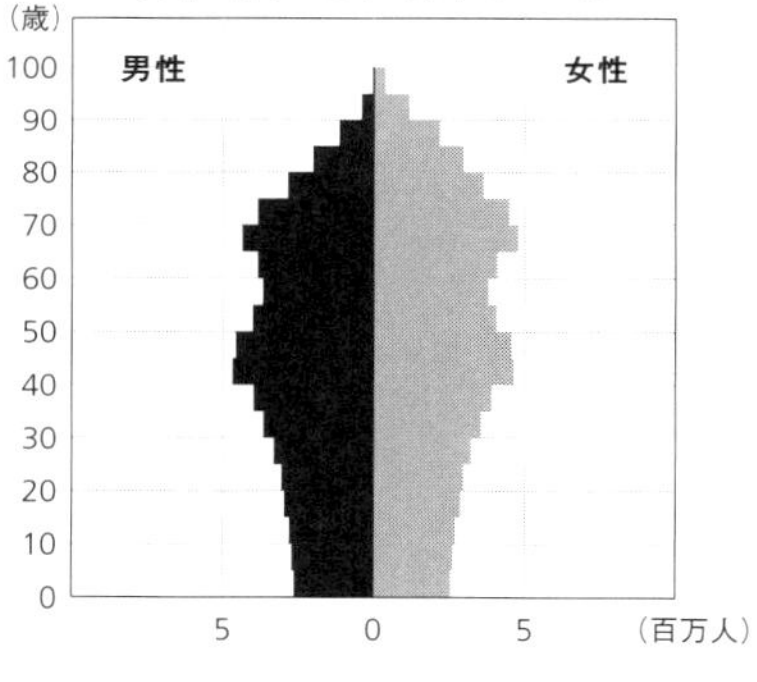

インドネシアの人口ピラミッド（2017年）

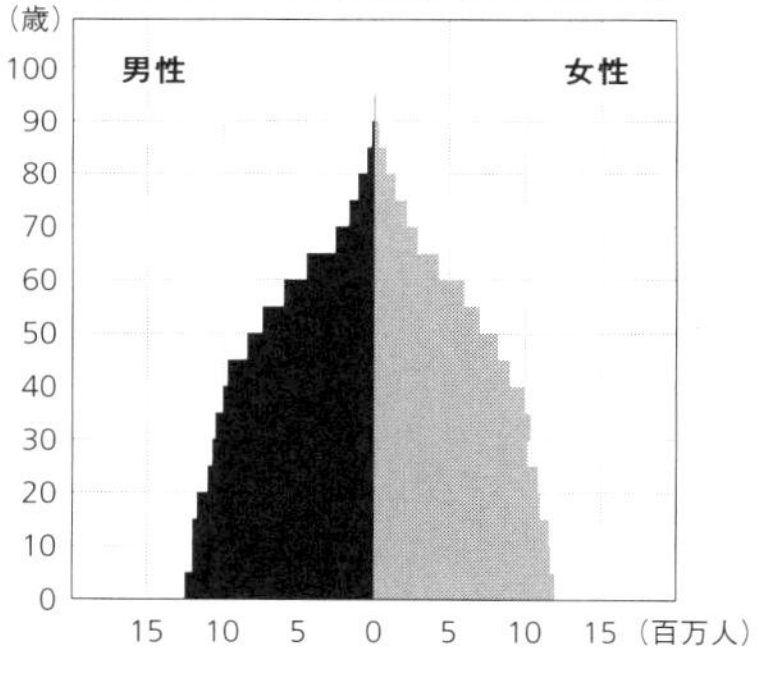

インドネシアは、現在でもまだまだ若い国です。インドネシアの中位年齢（人口を年齢順に並べ、その中央で全人口を2等分する境界点にあたる年齢）は28・01歳（２０１５年、国連）。イスラム教の国では、避妊はすべきではないという考え方があり、出産が奨励されます。子どもが次々に生まれて、人口がどんどん増えています。今後も国の屋台骨を支える生産人口が増え続けるでしょう。

一方、日本はどうかというと、中位年齢は46・35歳（２０１５年、国連）。これは世界一の高さです。しかも出生率は1・43人です（２０１７年、厚生労働省）。先進国の中でも、非常に少ない。若い人がどんどん減っています（p161図表⑬）。若い人が少なくなると、将来の労働力人口が減ります。当然、活発に消費活動をする人たちも減ってくる。ボーナスの逆でオーナス（onus）。負担や重荷という意味です。

現在の日本は「人口オーナス」で、どんどん経済が縮小しつつあるといわれています。インドネシアはまだまだ経済が発展する。成長過程にある東南アジアの国々と日本はどう付き合っていくのか。真剣に考えていかなければなりません。

第5章
タイとフィリピン

唯一植民地にならなかった国

この授業の最初に、東南アジアのイメージを聞きました。その時にタイの地下鉄ＭＲＴのことを発言した人がいましたね。タイ、特に首都のバンコクに行くと、世界中のビジネスマンがオフィス街を闊歩している。高層ビルや高級ホテルが立ち並んでいるかと思うと、その裏には古い街並みを見たりします。今まさに急速に経済成長をしていることが実感できる街、それがバンコクです。

Ｑ私たちはバンコクと呼んでいますが、正式名称はものすごく長いんだよね。これを全部言える人、いるかな？　おお、手が挙がったね。

――**あまり自信がないですけど。**

いいよ。覚えているところまで言ってみてください。

――**クルンテープ・マハーナコーン・アモーンラッタナコーシン・マヒンタラーユッタヤー・マハーディロック・ポップ・ノッパラット・ラーチャタニーブリーロム・ウドムラーチャニウェートマハーサターン・アモーンピマーン・アワターンサティット・サッカタッティ**

ヤウィサヌカムプラシット。

すごい（全員拍手）。驚きました。あまりに長くて、私も本当に正しいかどうか、すぐには検証できません（笑）。

Qこの長い名前、ざっくりでいいので、どういう意味か知っていますか？

――天使がいるとか、すごい都だとか、そんなことをつらつら並べていると聞きました。

よく知っているね。正式名称はあまりに長すぎて、みんななかなか覚えられない。最初の部分をとって「クルンテープ」とか「クルンテープ・マハーナコーン」と呼ばれています。バンコクというのは、当時の地元の村の名前が間違って伝わったらしい。私たちには、通称のバンコクのほうが馴染み深いですが、タイの人たちにとっては「クルンテープ・マハーナコーン」。「偉大な天使の都」という意味の町です。

タイは、タイ王国。王様のいる国です。そして、東南アジアの中で、唯一植民地にならなかった国でもあります。インドシナ半島のベトナム、カンボジア、ラオスはフランスの植民地。マレーシアやシンガポールはイギリスの植民地。インドネシアはオランダの植民地。そして東ティモールはポルトガルの植民地でした。なぜタイだけが、植民地にならずにすんだのか。

日本を見てみましょう。1868年、日本では明治維新が起こります。その背景には、徳川幕府の政治体制だと日本はヨーロッパ列強の植民地にされてしまう、という危機感がありました。長州は列強と戦争をして負けています。薩摩もイギリスと戦争をして負けた。長州藩は尊王攘夷《そんのうじょうい》（天皇を尊び外国を排斥する思想）の急先鋒でした。下関戦争（1863〜64年）では、外国なんかとんでもないと言って、長州の沖合を通っていたアメリカ、フランス、オランダの船に向かって大砲を撃ち込みました。怒ったフランス軍はアメリカ軍とともに、長州を攻撃して上陸。翌年には、イギリスが加わった四国連合艦隊に攻撃され、敗北します。列強は大砲を奪って自国に持って帰ります。以前、フランスの軍事博物館に行った時に長州から奪い取った大砲があるはずだと探し回ったら、入り口の横に各国から奪ってきた大砲が雨ざらしのまま並べられていた。その中に長州藩の大砲もありました。

薩英戦争（1863年）では、薩摩の攻撃に対し反撃したイギリス軍が、薩摩に向かって艦砲射撃を行いました。鹿児島城下の街の10分の1は焼き払われてしまいます。フランスやイギリスとの力の差を思い知った長州と薩摩には、列強に対する恐怖心があったのです。薩長を中心とした明治政府は、官僚組織をつくり、軍をつくり、近代的な国家を形づくっていきます。そうして日本は、植民地化を逃れたのです。

タイでは、明治維新とまったく同じ時期、1868年にチュラーロンコーン国王（ラーマ5世）が即位します。次々と植民地化されていく周りの国々を見ていると、今、近代化をしないと、タイも植民地にされてしまうのではないかという危機感を持ちます。国王の指揮のもと官僚組織がつくられ、軍隊がつくられました。日本と同じように列強諸国の力を恐れ、東南アジアでいち早く近代化に成功し、植民地支配を免れたのです。

Q もうひとつ地理的な要因もあります。何か気づくことはありませんか？

――周りをいろんな国に囲まれています。

そうですね。東側には、ラオス、カンボジア、ベトナムがある。ここはフランス領インドシナでした。西側のミャンマー、バングラデシュ、インドはイギリスの植民地でした。イギリスとフランスがそれぞれ植民地を拡大していこうとする中で、このままフランスが西へ進み、イギリスが東へ進むとちょうどタイで衝突をしてしまう。一時は、イギリスとフランスの間でタイを分割統治しようという勝手な議論もあったのですが、結局、タイは両国の緩衝地帯として置いておこうということになりました。

第二次世界大戦の時にも、タイは巧妙に振る舞いました。日本が東南アジアに侵攻してきたら、タイは表向きには日本と協力をする姿勢を示します。その一方で、アメリカやイギリスとも裏でつながっていた。うまく両陣営との関係を維持することに成功し、植民地にされずにすんだのです（p173図表⑭）。

タイは敬虔な仏教徒の国

タイは仏教の国です。しかしタイの仏教は日本の仏教と、ずいぶん違います。キリスト教は、カトリックと東方正教会に分かれ、さらにカトリックからプロテスタントが分かれた。イスラム教も、スンナ派とシーア派に分かれた。仏教も、上座部仏教と大乗仏教に分かれました。

ゴータマ・シダールタが悟りを開いたことで、仏教が始まります。最初は自分が悟りを開いたことはほかの人たちには理解されないと思っていました。しかしそのうちにゴータマ・シダールタが悟りを開いたことを聞き知った人たちが、私たちにもその悟りの内容を教えてくださいと集まってきた。ゴータマ・シダールタは、自分の悟ったことを弟子たちに伝えていきます。ただし、その教えを文書では残していませんでした。

ゴータマ・シダールタは、ブッダと呼ばれます。ブッダというのは「悟りを開いた人」

という意味のサンスクリット語です。そして悟りを開いたブッダの教えが中国に入った時に、「仏陀」という漢字を当てたのです。サンスクリット語のブッダが中国語では仏陀と表記されます。仏陀の教えという意味で、「仏教」という言葉が生まれました。

ブッダが亡くなったあと、ブッダから教えを受けていた弟子たちによって仏教が広められていくわけですが、弟子によって伝える内容がまちまちでした。そこで信者たちが集まって、ブッダの教えを整理して、きちんと統一しようじゃないかということになりました。これを「結集《けつじゅう》」といいます。

キリスト教においても、同じことが起こります。ローマ帝国が国教として定めたことでキリスト教はヨーロッパ中に広がっていきます。キリスト教には、イエスの教えを弟子たちが記録した福音書があります。しかし、何人もの弟子たちが書いた福音書が出てきて、話の内容が矛盾している。ちゃんと整理しようじゃないかということになって、結局、四つの福音書だけが正統なものとされ、それ以外は異端の書として排除されました。

その仏教版が「結集」です。ところが信徒たちが集まって、教えを整理しようとした時に、教えをめぐって仏教がふたつに分裂します。ブッダが説いた教えを厳格に守ろうとする保守派と、時代に合わせてルールを変えていくべきだという改革派です。保守派は上座に座っていた偉い人が多かったことから上座部仏教と呼ばれます。一人ひとりが出家して修行をし、悟りを開いていくことが望ましいとされます。

一方、改革派は、出家して修行した人だけでなくすべての人を乗せていくことができる教え、つまり大きな船のような教えだとして大乗仏教と呼ばれます。

上座部仏教は、タイやラオス、ミャンマー、カンボジア、スリランカなど南アジアを中心に広がります。大乗仏教は、インドからチベットを通って中国に渡り、朝鮮半島から日本へと伝わりました（地図⑥）。

上座部仏教を信じるタイの場合、男の子は1年ないし2年間出家し、お寺で修行することが望ましいとされています。現在でも、タイでは、大人になる過程で、一度、髪を全部剃って出家をする人たちが多く見られます。タイには敬虔な仏教徒が多いのです。

タイと日本のお寺を比べると、建物のかたちも違うし、たたずまいも違う。日本の古寺は、わびさびの世界ですが、タイのお寺は金ピカで派手に見えます。ただし日本のお寺が最初からわびさびだったかというと、そうではありません。日本のお寺も、屋根は銅葺きだったので、完成したばかりのお寺の屋根はピカピカに輝いていました。ところが高温多湿の日本の気候のもとでは、銅はあっという間に錆びてしまいます。最初は金ピカだったけれど、時を経て現在のわびさびを感じるお寺になったのです。

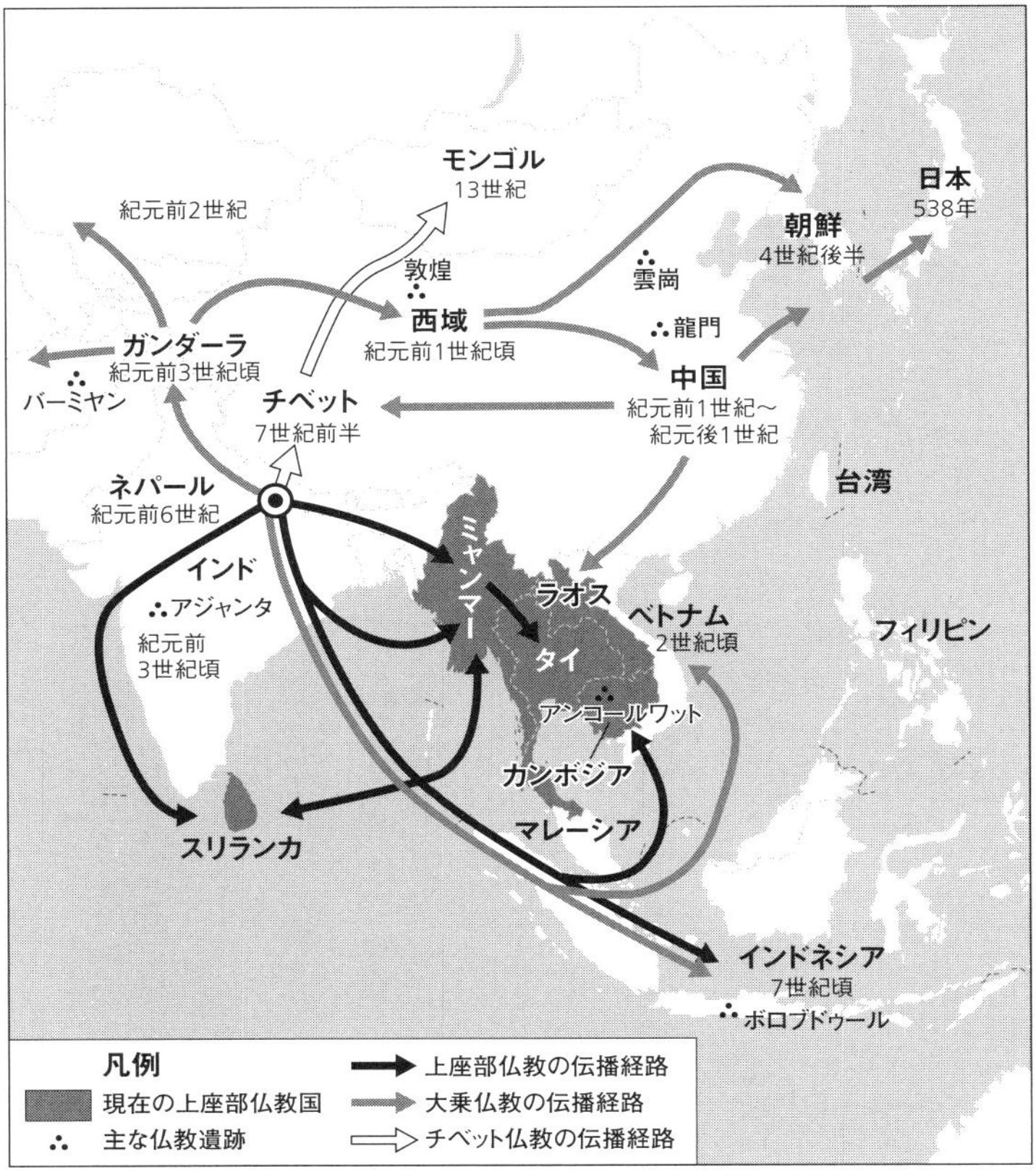

地図⑥―**仏教の伝播** ＊仏教の伝わり方には諸説あります

「タイ式政権交代」が行われた

タイには国王がいて、議会があり、議会から首相が選ばれます。いわゆる立憲君主制、日本と同じような仕組みを取っています。これは私の名付けた言い方ですが、タイにおいては「タイ式政権交代」というものがあります。

どういうことか。タイでは国民の選挙によって議員が選ばれ、議会によって新しい首相が選ばれます。しかし政権が長期化すると、政権を維持するためにばらまき政策やポピュリズムの政策、一部の人を優遇した政策が行われるようになる。あるいは、政権内で腐敗が起きる。そうなると、国民の不満が大きくなり、政権交代を期待する声が高まります。

Qさて、タイではどんな方法で政権交代が行われるでしょう?

――日本と同じように解散、総選挙を行う?

選挙で政権交代が起これば、それでいいですよね。でも、政権側はなんとしても権力を離したくはない。政権交代が起きない時は、国民の不満を背景に軍隊がクーデターを起こすのです。クーデターを起こした場合でも、国王の承認がないと政権は認められません。

図表⑭—**タイの植民地化回避と「タイ式政権交代」**

なぜ、タイはどの国の植民地にもならなかったのか?

理由①
外交・統治機構の改革

- 19世紀半ば、ラーマ4世が自由貿易を認め、先進諸国との外交関係を構築
- 1868年に即位したチュラーロンコーン国王(ラーマ5世)は、近隣の植民地の状況を調査。イギリス、フランスとバランスを取りながら、法制度を改革して近代的な統治機構をつくりあげた

理由②
地理的要因

タイではどうやって政権交代が行われるのか?

日本の政権交代の一例
解散・総選挙

国民の信を問うため衆議院を解散
⬇
総選挙
⬇
特別国会を召集し内閣総辞職
⬇
内閣総理大臣指名選挙、組閣
⬇
新内閣発足

*ただし、解散前の与党が選挙で過半数を獲得すれば、政権交代には至らない

「タイ式政権交代」
軍部によるクーデター

政権への不満が高まり、国民は政権交代を希望
⬇
軍隊がクーデターを起こす
⬇
クーデターを起こした将軍が国王に新政権の承認を得る
⬇
軍から首相を選出し、新政権を組織
⬇
落ち着いたら、民政に移管

クーデターを起こした将軍は国王のもとにひざまずいて、どうぞ私の政権を認めてくださいとお願いします。国王がそれを承認すると、軍部から新たに首相を出して、新しい政権をつくります。そして、世の中が落ち着いてくると、再び民政に移管するのです。

民政に移管した政治が長く続くと、また不満が高まってくる。すると軍隊がクーデターを起こして新たに政権をつくり、国王のもとに赴き承認を受ける。タイでは、そういう政権交代を繰り返してきました。つまり、選挙による政権交代がスムーズに行われるほどには、まだ政治が成熟していない。そのため、国民の不満をいち早く感じて軍隊が行動を起こす。これを私は「タイ式政権交代」と呼んでいます（p173図表⑭）。

タイにおいて、国王の権威というのは絶対的です。しかし国王は一切、政治には介入しません。タイの国民はタイの国王を尊敬しています。特に2016年に亡くなったプミポン国王（ラーマ9世 写真⑪）は、タイ中の国民から敬愛されていました。プミポン国王がいたから、国民がなんとかまとまっていたのだともいえます。政治的には対立している人々も、国王の言うことには従います。国民統合の象徴である日本の天皇に似ていますね。

タイの政界が大混乱を起こした時期があります。その原因となったのが2001年、タイ愛国党を率いて政権についたタクシン首相です。タクシン首相は、農村地帯へのばらまき政策を行うことによって、農民からは大変な支持を得ていました。一方、都市部のビジネス層からは強い反発が起きます。こうしてタクシン派と反タクシン派が激しく対立するようになります。

この時に、反タクシン派の都市部の人たちは黄色いTシャツを着て、打倒タクシンを叫び、タクシン派の人たちは赤いTシャツを着てそれに対抗しました。この黄色と赤には意味があって、タクシン首相を引きずりおろしたいという反タクシン派は、国王の権威を使おうとしたんですね。タイでは、生まれた曜日によって、その人のカラーが決まっています。プミポン国王は月曜日に生まれています。月曜日のカラーは黄色なんですね。

タイの国民から愛されていた前国王のカラーである黄色を身に着けている。つまり自分たちは国王を支持していることを示し、タク

写真⑪―国民から愛されたプミポン国王
｜写真提供：AFP＝時事

写真⑫―タクシン元首相
｜写真提供：AFP＝時事

シン首相のやり方に反対をする。タクシン首相を支持する側はどうするか。黄色を使うわけにはいきません。タイの国旗には赤色が使われているでしょう。私たちは愛国主義なのだと、タイの国旗の色である赤いTシャツを着ることになります。タクシン首相の賛成派と反対派が赤組と黄色組に分かれて、激しい対立が繰り返されてきたのです（図表⑮）。

みなさんがもしこれからタイに行くことがあれば、勘違いされて襲撃されるおそれがあるので、赤と黄色のTシャツは避けたほうがいいでしょう（笑）。

——国民を混乱させたタクシン政権に対して、タイ式政権交代は起こらなかったんですか？

いいところに気がついたね。結局タクシン政権は軍事クーデターによって、退陣させら

図表⑮—**タイの国民が大切にする生まれ曜日**

タイでは自分の生まれた曜日を大切にしています。曜日ごとに色が決まっていて、生まれた曜日の色を身につけたりすることで幸運をもたらすと考えられています。

曜日		色
日	➡	赤
月	➡	黄
火	➡	桃
水	➡	緑
木	➡	オレンジ
金	➡	青
土	➡	紫

プミポン国王が生まれた月曜日の黄色を身につけた反タクシン派の市民｜写真提供：共同通信社

れます。タクシンは、海外に亡命。現在も事実上の亡命生活を続けています。2011年の総選挙でタクシンの妹のインラックが率いるタイ貢献党が勝利。インラック首相が誕生します。

しかしインラック首相をめぐっても、赤組と黄色組が対立。2014年に再び軍事クーデターが起きてしまいます。その結果、インラックも国外へ逃亡。ドバイに逃げて、そこで兄のタクシンと合流したのではないかといわれています。

現在は、2014年に軍事クーデターを起こしたプラユットという、陸軍の総司令官が首相として政権を担っています。軍事政権がこのまま続くのか、あるいは民政が復活するのか注目しておきましょう。

タイには不敬罪がある

混乱を続けるタイの政治ですが、プミポン国王が健在の時代であれば、国王がなんとかこの対立を治めたかもしれません。タクシン派と反タクシン派の対立が激化した頃に、プミポン国王は高齢で寝たきりになっており、指導力を発揮できなかったのです。

2016年10月、プミポン国王が亡くなりました。現在はプミポン前国王の唯一の息子ワチラーロンコーン（ラーマ10世）が国王として即位しています。ところが新国王は、問題の多い人物です。遊び人と評判で、3度の離婚をして、愛人をドイツの別荘に住まわせています。人格者だった父とは大違いです。

国王に即位する直前の皇太子時代には、ミュンヘンの空港で愛人と一緒にいるところをドイツの新聞社にスクープされています。タンクトップからは見事なタトゥーがのぞいていました。でも、こういった写真はタイでは掲載できないんですね。タイには不敬罪があって国王の悪口を言うと逮捕されます。

プミポン国王は国民から愛されていた偉大な国王でした。王位継承権を持つ次女のシリントーン王女もまた国民から敬愛されているのですが、息子が次の国王になってしまった。タイの国民は、内心ではプミポン国王はよかったのに今の国王はなんだ、と思っているのでしょう。でも国王の悪口を言うと捕まってしまいますから、みんな口をつぐんでいます。

軍事政権のプラユットは、クーデターを起こして新しい首相になると、憲法改正案を国王に提出しました。タイは立憲君主制ですから、憲法によって君主の権力が規定されています。国王は政治に関与しないことが前提です。プミポン国王の時代は当然憲法の内容には口を出すことはありませんでした。

ところが、ワチラーロンコーン国王は軍事政権が新たな憲法改正案を出してきたら、国王の権限を強めるように憲法を変えろと介入してきました。結局、国王の力を強めた憲法に変わってしまいます。タイではこれから国王がさらに強い力を持ってくるかもしれない。しかし、国王を批判すると不敬罪で捕まってしまう。ちょっと残念なのですが、これが現在のタイの政情です。

植民地として翻弄され続けたフィリピン

フィリピンは、300年以上にわたってスペインの植民地統治を受けていました。フィリピンという国名自体、16世紀のスペイン皇太子フェリペ（のちの国王フェリペ2世）の名前に由来しています。植民地に宗主国の国王や女王の名前をつけることが、しばしばあるのです。たとえばアメリカの場合、ヴァージニア州はザ・ヴァージン・クイーンと呼ばれたイギリス女王エリザベス1世から、ジョージア州もイギリスの国王ジョージ2世に由来しています。

なぜフィリピンがスペインの植民地となったのか。これは世界史で必ず学びますね。大航海時代に世界の覇権を争っていたのがスペインとポルトガルです。両国は新しく発見した地域をめぐって、たびたび争っていました。そこで、世界をふたつに分割して互いの領土とするエリアを決めたのです。これがトルデシリャス条約とサラゴサ条約です。勝手きわまりない話なのですが、地球の南北にぐるりと線を引いて、スペインとポルトガルで世界を半分に分けようとしたのです（地図⑦）。

南米は、ほとんどスペイン領だったのに、ブラジルだけがポルトガル領でしょう。ちょうどブラジルのあたりでスペインの支配地域とポルトガルの支配地域の分割線が引かれていたのです。その結果、ブラジルはポルトガルに、その他の国はスペインに分割されました。

アジアを見ると、マカオは分割線のポルトガルの領土側にあります。そし

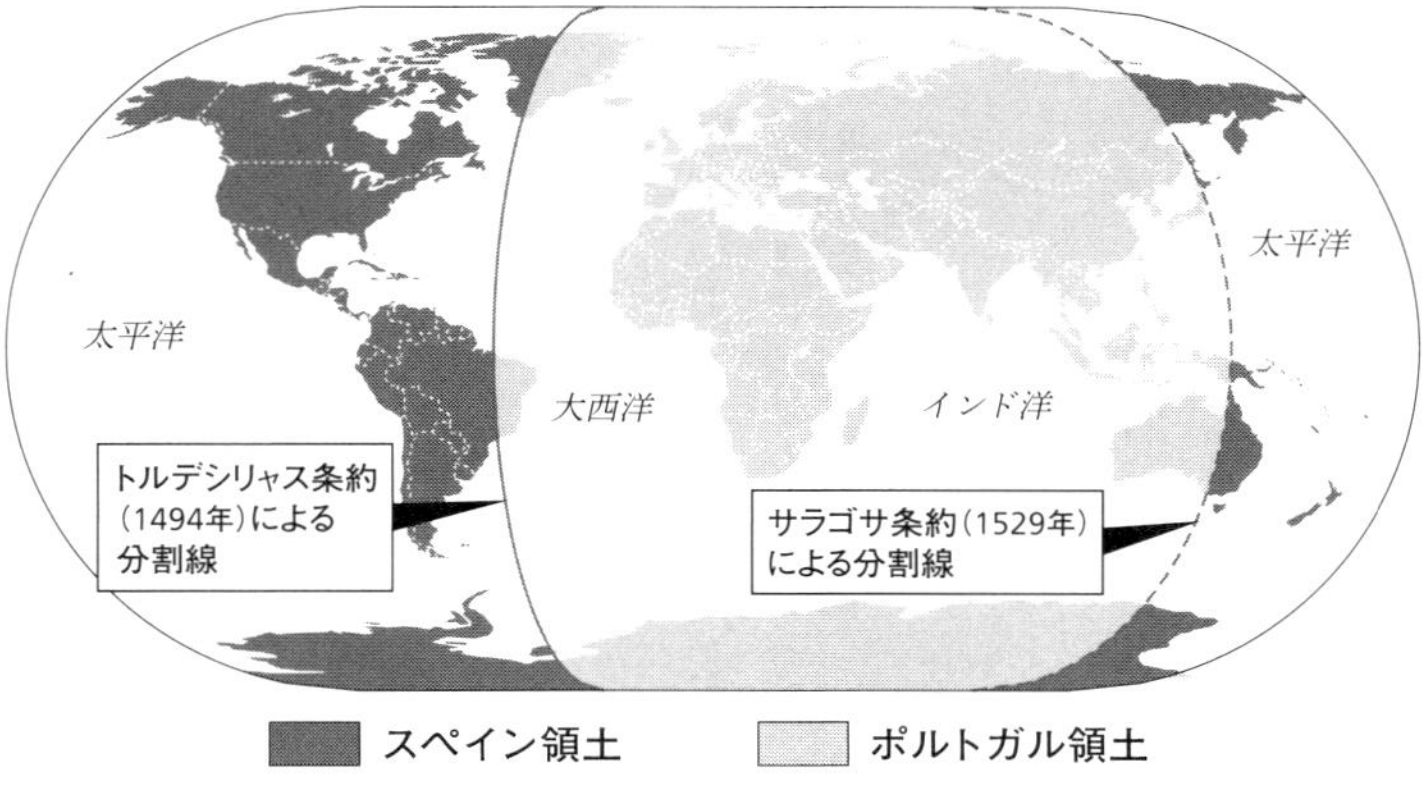

地図⑦—トルデシャス条約とサラゴサ条約で分割された世界

てマカオを領土としたポルトガル人が、その後、種子島《たねがしま》にやってくるのです。キリスト教や鉄砲はこうして日本に伝来しました。東南アジアの東に位置するフィリピンは、条約ではポルトガルの支配圏に入りますが、すでにスペインのマゼランがフィリピンに到達していたため、先取権を主張。スペイン側の領土になったというわけです。

しかし、１８９８年にアメリカとスペインの間で戦争が勃発。その結果、フィリピンはアメリカの領土となります。アメリカとスペインが戦争をしたことは意外と知られていないのですが、その原因となったのがアメリカの戦艦メイン号の事件です。キューバに停泊していた時に、謎の大爆発が起こります。キューバはスペインの領土でした。アメリカはスペインの陰謀と断定。戦争に発展します。その結果、キューバはスペインから独立を果たすことができたのですが、アメリカの保護領のような状態がずっと続いていくのです。このことはやがてカストロがキューバ革命を起こしたあと、アメリカに敵対する原因となります。

スペインとの戦争後、アメリカがフィリピンを統治していた。そこに太平洋戦争が勃発します。日本軍がフィリピンに攻め込み、アメリカがフィリピンから撤退します。アメリカ軍の総司令官は、かのダグラス・マッカーサーでした。フィリピンから撤退する時にマッカーサーが残した有名な言葉があります。「I shall return（必ず帰ってくる）」。そう言い残してフィリピンをあとにします。１９４５年、日本が戦争に負けると、フィリピンは再びアメリカの植民地に戻ります。そしてその翌年、フィリピンはアメリカと条約を結んで、ようやく独立を果たすことができたのです。

独裁政権をアメリカが支援した

Q フィリピンでも戦後、独裁政権が誕生します。長らく独裁的な大統領として君臨した人物を知っていますか？

――マルコス大統領です。

正解です。フィリピンでは、１９６５年に就任したマルコス大統領による長期独裁政権が始まります。マルコスは反共産主義を唱えます。東西冷戦の中でアメリカは、なんとかソ連を封じ込めたい、共産主義を封じ込めたいと考えていました。

アメリカのトルーマン大統領は共産主義が広がっていくのを防がなければいけない、という主旨のトルーマンドクトリンを宣言します。ドクトリンというのは政治・外交における基本原則で、戦略という意味合いです。とにかくソ連を封じ込める。そのために、共産主義に反対する国々を善とし、共産主義に協力する国を悪とする。世界を善と悪に二分します。共産主義に反対するなら、独裁政権だろうがアメリカはこれを支援する。どんなに国民を抑圧し、弾圧していても、反共産主義なら支援をする。一方、民主的な選挙で政権交代が起きて、社会主義に行こうとする国があると、ＣＩＡ（アメリカ中央情報局）を使ってそれをひっくり返すということをやりました。有名なのがチリですね。

１９７０年11月、チリでは選挙によってアジェンデ大統領が誕生し、社会主義政権が生まれました。アメリカはＣＩＡを使って軍部をそそのかし、クーデターを起こさせます。アジェンデ大統領は軍の攻撃を受け、大統領官邸で自殺をします。以後、チリでは数十年にわたって軍事独裁政権が続き、何万人もの人が行方不明になりました。

アメリカは自由の国だといいますが、世界のほかの国に関しては、ダブルスタンダードを取るのです。アメリカの仲間であれば、人権を無視する軍事独裁政権でも目をつぶる。一方、アメリカ寄りでない国に関しては、人権問題を盾に非難をする。そういうことをずっとやってきました。

だから、フィリピンで反共産主義を掲げたマルコス大統領を、独裁政権にもかかわらず、アメリカは支援したのです。インドネシアでも、スハルトが共産党を攻撃して、50万人が虐殺されたでしょう。本来ならとんでもない人権問題です。でも、共産党を攻撃しているんだからといって、周りの国々は見て見ぬふりをし、アメリカもこれを黙認したという現実があります。

あとでカンボジアでポル・ポトが国民を虐殺したという話をします。あの時は共産党が国民を虐殺しました。インドネシアでは、逆に共産党員が虐殺された。一方的にどっちが悪いということではなく、戦後さまざまな要因で虐殺が起きていた。東南アジアにはそういう悲しい歴史があるのです。

ピープルパワーが独裁を倒した

Qマルコス大統領の奥さんの名前を知っていますか?

――知りません……。

もうずいぶん前の話だから、今の高校生が知らないのも当然だよね。それはイメルダ夫人です。フィリピンは貧富の差が激しい国です。貧しい人は本当に貧しい。それにもかかわらずマルコス大統領の独裁政権のもとで、この人が、まあ恐ろしいほどの贅沢三昧をしていました。

1986年2月、大統領選挙においてマルコス陣営が票の操作を行ったことをきっかけに、国民の不満が爆発。100万人にも及ぶ規模のデモが起こります。

マルコス大統領の退陣を迫る国防大臣や軍の参謀長が決起し、マルコス大統領は失脚します。これが「2月革命」です。大統領官邸であるマラカニアン宮殿の中に人々が乱入します。するとイメルダ夫人の靴のコレクションが見つかりました。高級ブランドの靴が3000足、ずらっと並んでいたのです。この頃、靴をたくさん持っている人に対して「お前、イメルダか」とツッコむギャグが日本でも流行りました。

結局、国民の不満が爆発し、マラカニアン宮殿を追い出されたマルコス大統領夫妻はハワイに亡命。マルコス大統領は、ハワイで亡くなります。

イメルダ夫人は、現在どうしているのですか？

実はイメルダ夫人は、亡命後、再びフィリピンに戻ります。なんとフィリピンで国会議員選挙に立候補して、当選しちゃうんです。89歳（2019年4月時点）の高齢にもかかわらず、現在もフィリピンの国会議員ですが、汚職による実刑判決が出ています。

アメリカは、マルコス大統領を助けてくれなかったのですか？

この頃になると、それまでマルコス政権を支持していたアメリカ政府も、距離を置くようになっていたのです。ただ、マルコス大統領一家がマラカニアン宮殿から脱出する手助けは、アメリカ軍が行いました。

「2月革命」は、フィリピンでは「ピープルパワー」と呼ばれます。人々の力による革命だったんですね。日本でも当時、NHKの報道番組「ニュースセンター9時」で現地から衛星生中継を行っていました。通常の放送時間は9時から9時40分まで。しかしその日は、フィリピンで市民革命が起こっている。独裁政権が倒れるということで、時間を延長して10時まで放送しました。

しかし、マルコス大統領の独裁に反発したデモ隊がマラカニアン宮殿に押しかけています、というところで夜の10時になり、放送が終わってしまいました。視聴者はこのあとどうなったのだろうと気になりますよね。すると10時からテレビ朝日の「ニュースステーション」が始まりました。現在放送されている「報道ステーション」の前身となるニュース番組です。スタジオには久米宏氏。現地リポーターは安藤優子氏でした。「2月革命」の中継は、それまで低視聴率であえいでいた「ニュースステーション」が高視聴率番組に変わるきっかけになりました。これは、完全に余談ですが(笑)。

アキノ大統領の登場

マルコス大統領が打倒され、民主化への期待を担って大統領に就任したのがコラソン・アキノです。マルコス独裁時代に、夫であるベニグノ・アキノ・ジュニアはマルコスの政敵ともいえる存在でした。しかし亡命先のアメリカから帰国したところを、国軍の兵士に狙撃されて亡くなります。未亡人のコラソン・アキノ（写真⑬）は、反マルコス派の象徴として担ぎ上げられます。「ピープルパワー」による独裁政権打倒後、大統領に就任しますが、政権内部はマルコス政権の負の遺産を引きずったままでした。共産ゲリラへの対応や経済政策に対する不満が渦巻き、国軍改革派によるクーデターが続発します。アキノ氏は大統領としては大きな成果を上げることなく6年間の任期を終えます。退任後、２００９年に結腸癌で亡くなりました。

ようやく民主化が始まったフィリピンですが、国民の間の貧富の差が非常に大きいという問題を抱えていました。それは、なぜか。大土地所有制が残っているからです。スペインがフィリピンを占領していた時に、広い農地をつくることによって、効率よく農業生産を上げようとした。その結果、ス

写真⑬—支持者にL字サインで応える、コラソン・アキノ元大統領（Lは闘争を意味する、Labanの頭文字）｜写真提供：AFP＝時事

ペインから独立したあとも、大地主たちが残ったのです。大地主たちは、大金持ちです。小作人は、貧乏です。フィリピンの農村地帯においては、ひと握りの大地主と、そのもとで農地を借りて耕作をする大多数の小作人にはっきり分かれているのです。

日本も、太平洋戦争が終わるまでは大地主がいました。しかし日本は戦争に負けたあと、ＧＨＱが農地解放を実行します。大地主から土地を安く買い上げて、小作人だった人々に分け与えた。その結果、日本は格差の少ない国に生まれ変わったのです。

フィリピンでは、今も大土地所有制が続いています。なぜやめられないのか。大地主の息子や娘たちはお金があるから、いい教育が受けられる。高度な教育を受けて、政治や経済の分野にどんどん進出をしていく。

結局、フィリピンの政治家や財界人はみんなこの大土地所有制の恩恵を受けている人たちなのです。自らの既得権益を切り崩すようなことを、自分たちの手ではできない。大土地所有制がフィリピンの大きな問題だということはわかっているのですが、結局自分たちでは改革できない。格差が大きい状態が現在も続いているのです。

〝フィリピンのトランプ〟が大統領になった

格差が大きい中で、貧しい人たちの間にコカインなどの麻薬が広がります。麻薬をめぐるさまざまな犯罪が起き、治安が悪化してきた時に登場したのが現在のドゥテルテ大統領（写真⑭）です。

Qドゥテルテ大統領が、なんと呼ばれているか知っていますか？

――「フィリピンのトランプ」です。

そうですね。国のリーダーとは思えぬ乱暴な発言からアメリカのトランプ大統領になぞらえてそう呼ばれていますが、やっていることは、ある意味トランプ大統領より過激かもしれません。

ドゥテルテ大統領は、フィリンピンのダバオという市の検察官でした。検察官からダバオ市長になります。ダバオというところは非常に治安が悪かったのですが、ドゥテルテ市長時代に劇的に改善したのです。しかし、そのやり方がすごかった。とにかく麻薬犯罪に

写真⑭―フィリピン、ドゥテルテ大統領
｜写真提供：AFP＝時事

関わる者なら、裁判にかけずに殺してしまえというわけです。麻薬に関係していると疑いのある連中を次々に殺していく「ダバオ・デス・スクワッド（ダバオ死の部隊）」と呼ばれる暗殺部隊が組織されました。

実は麻薬犯罪を取り締まって、有罪に持っていくのはとても難しいのです。たとえば、麻薬事件で誰かを捕まえて、裁判にかける。当然、その背後には麻薬の犯罪組織が関与しています。裁判でうっかり組織のことを証言しようものなら、本人や家族が殺される可能性がある。裁判をしても、誰も証言をしない。結局、有罪判決に持っていけないのです。ドゥテルテは市長時代に、とにかく怪しいやつは片っ端から殺してしまえと警察に指示したのです。麻薬取引の現場に踏み込んで、ちょっとでも抵抗する姿勢を示せば、その場で射殺する。抵抗しなくても、射殺する。麻薬犯罪グループがいれば、オートバイに乗ったダバオ・デス・スクワッドがやってきて、容疑者を射殺する。そういうことが次々に起きました。

結果的にダバオからは犯罪者がいなくなり、劇的に治安がよくなりました。現在では、フィリピンの最も住みやすい都市に選ばれています。治安がよくなったダバオに外国の企業が進出してきました。安心して従業員を送り込めるようになったからです。外国の企業からの投資が入ってくることによって、ダバオ市は経済的にも発展しています。

ダバオ市での実績をひっさげて、ドゥテルテは２０１６年、フィリピン大統領選挙に出馬し、当選します。大統領就任後も麻薬犯罪に対しては、非常に厳しい態度で臨んでいます。フィリピンでは、連日のように警察官が麻薬犯罪に関係する人たちを射殺するという事態が起きています。大統領就任から2年5か月で５０５０人が殺されたといいます。このところ少しは落ち着きましたが、ドゥテルテ大統領が就任してしばらく、マニラの街は朝になるとそこら中に死体が転がっていました。麻薬犯罪者と間違えられて外国人が殺される事件も起こります。最近では、韓国人がたて続けに殺されました。

フィリピン国内の話ですから、フィリピンの人々が解決すべき問題なのですが、大統領が先頭に立って、悪いやつは殺せと言っているのは、驚くべきことですよね。ドゥテルテ大統領本人も、ダバオ市長だった時代には、悪いやつを殺したことがあると発言しています。どうやら本当に殺したらしい。そういう人物が大統領になっている。それが現在のフィリピンという国の現実なのです。

麻薬犯罪に関係ありとされれば、裁判しないで殺してしまうのですから、アムネスティ・インターナショナルのような国際的な人権団体からは、強く非難されています。しかし、ドゥテルテ大統領の政策によって急激にフィリピンの治安が改善されているのも事実ですから、多くの国民はこれを支持するという、不思議な事態になっています。

アメリカもオバマ大統領の時代は、ドゥテルテ大統領のやり方は人権無視だ、と激しく非難していました。当然、アメリカとフィリピンの関係は非常に悪くなっていました。ところがトランプ大統領になった途端、ドゥテルテ大統領の批判をしなくなりました。今はフィリピンとアメリカの関係はよくなっています。

トランプ大統領が好きなのは、ロシアのプーチン大統領、トルコのエルドアン大統領、北朝鮮の金正恩委員長、そしてフィリピンのドゥテルテ大統領です。一方、民主的な政治家、ドイツのメルケル首相やカナダのトルドー首相のことは大嫌いです。民主的な指導者は大嫌い、独裁者が大好きというのがトランプ大統領です。ちょっとみなさんには刺激が強すぎたかもしれませんね。でも、残念ながら、現実の国際政治はそういう状態にあるのです。

第6章
ポル・ポトとアウンサンスーチー

カンボジアに悲劇が起こった

これまで、東南アジアの国々について、第二次世界大戦後にどのような歴史があったのかを中心に話してきました。最後に、どうしても話をしておきたいふたりの人物がいます。それはカンボジアに悲劇をもたらしたポル・ポトと、現在、ロヒンギャ問題で国際的な反発を受けているアウンサンスーチーさんです。まず、ポル・ポトの話から始めましょう。

ここで地図を見てください。ベトナム南部とカンボジアは国境を接しています。ベトナム戦争の時に、南ベトナムで戦いを続けていた解放戦線を支援するため、北ベトナムがラオス、カンボジアの領内を通って兵器や物資を送っていた。これを北ベトナムのリーダーのホー・チ・ミンの名前をとって、ホーチミン・ルート（地図⑧）と呼んでいました。解放戦線との戦いに苦しんでいるアメリカにしてみると、このルートをなんとかして潰したい。

カンボジアは、王様のいる国。専制君主国家です。カンボジアの王様シアヌーク殿下は、ベトナムとは対立したくない。どこの国にもいい顔をしたい、という考え方の人でした。ベトナムを刺激しないように、ホーチミン・ルートで物資が運ばれるのを黙認していたのです。

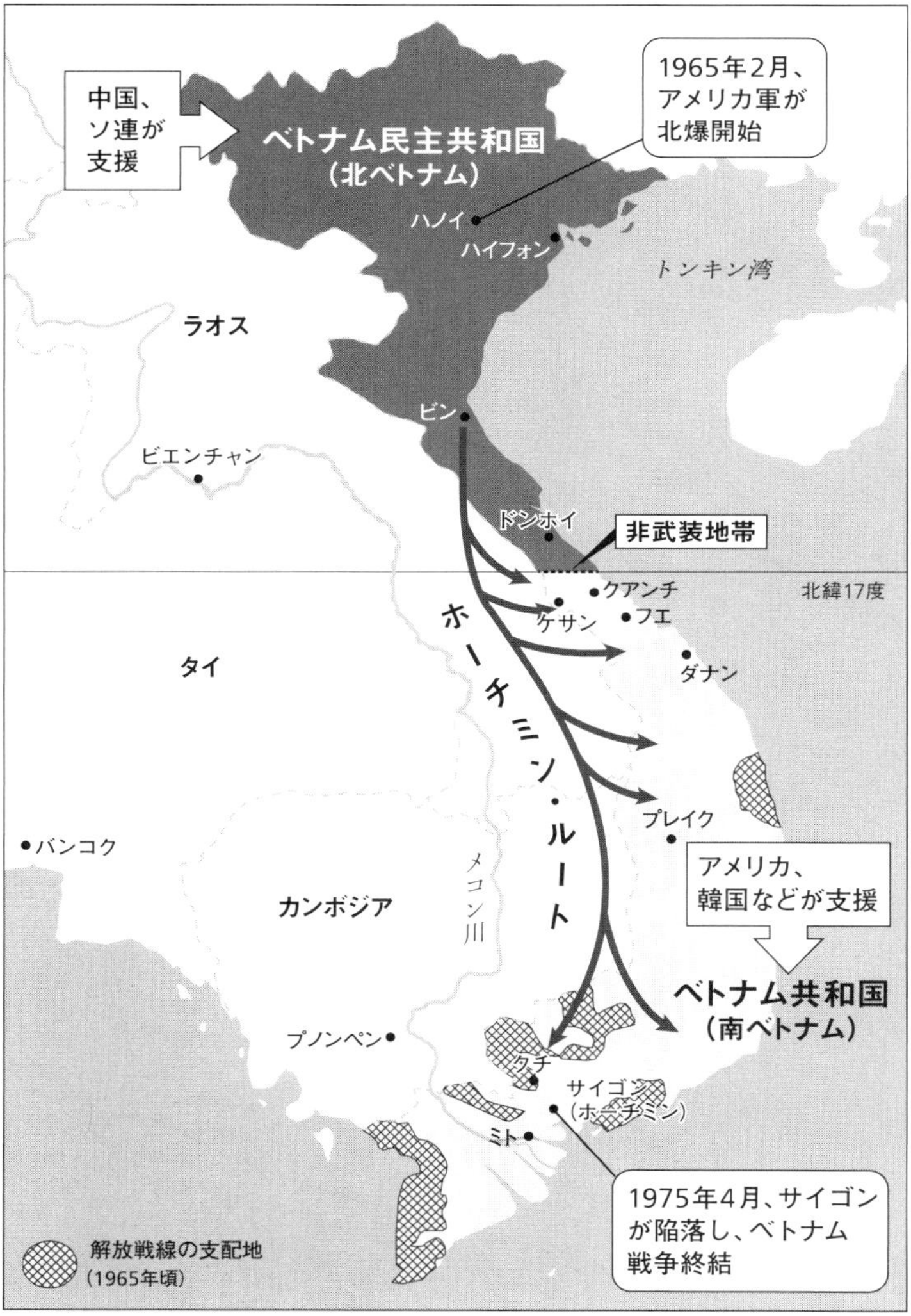

地図⑧―**ホーチミン・ルート**

Q どうしてもホーチミン・ルートを断ちたいアメリカは、どんな作戦を取ったと思いますか？

——カンボジアを攻撃した。

　そうではないんです。戦争しているわけでもないカンボジアをアメリカが直接攻撃すると、国際的な非難を浴びるでしょう。アメリカは、輸送を黙認しているシアヌーク殿下がいなくなれば、ホーチミン・ルートを断つことができると考えます。ＣＩＡの工作員がシアヌーク殿下の軍隊にいたロン・ノルを扇動し、殿下が中国訪問中の隙《すき》を突いてクーデターを起こします。クーデターは成功し、シアヌーク殿下は祖国に帰ることができなくなりました。１９７０年、親米派のロン・ノル政権が誕生します。

　中国に留まったシアヌーク殿下をかくまったのが、中国共産党です。シアヌーク殿下は巻き返しを図り、それまで自らが弾圧してきたカンボジア共産党とともにカンプチア民族統一戦線を結成します。クーデターが起こったことによって、かつての敵と手を組んだのですね。中国などの社会主義国がシアヌーク殿下を支援します。なお、カンプチアとはカンボジアの古い呼び名です。

　さらにカンボジアの農村地帯に行くと、シアヌーク殿下のことが大好きな農民がいっぱいいました。彼らはシアヌーク殿下をお守りしますと言って、カンプチア民族統一戦線に入り、ロン・ノル政権と戦います。この時カンプチア民族統一戦線を実際に指導していたのが、カンボジア共産党のポル・ポト（写真⑮）でした。カンボジアはロン・ノル政権とカンプチア民族統一戦線の内戦状態に突入しました。

１９７５年、南ベトナムでサイゴンが陥落する2週間前、カンボジアではカンプチア民族統一戦線が首都プノンペンに突入。ロン・ノル政権が崩壊しました。

カンボジアの内戦では数十万人が死亡し、１００万人を超える難民が生まれました。これで内戦が終わると喜んだプノンペン市民たちはポル・ポトの軍隊を歓迎します。

ところが実権を握ったポル・ポトは、これから自分の理想を実現するのだと、首都プノンペンに入ると、いきなり市民全員を農村地帯に追いやります。農村に送り込む時に、病人や子どもなど歩けないものは次々に殺したり、そのまま路肩に放置したりして見殺しにしました。

写真⑮―ポル・ポト｜写真提供：AFP＝時事

農村地帯に追いやられた都会の人々は、これまで肉体労働をしたことのない人ばかりです。病気になったり倒れたりすると、そのまま殺されてしまいました。ポル・ポトが、カンボジア国民の大虐殺を始めたのです。最低でも170万人、一説には300万人が殺されたといわれています。

――ポル・ポトと一緒に戦ったシアヌーク殿下は、国民を虐殺することに反対しなかったのですか？

ポル・ポトが権力を握った途端、シアヌーク殿下はプノンペンの王宮に幽閉されたのです。シアヌーク殿下は外界から完全に遮断され、幽閉は1979年にカンボジアからの出国を許されるまで続きました。

毛沢東思想がポル・ポトを過激化した

――ポル・ポトはなぜそんなことをしたのでしょうか？　共産主義は理想郷を目指しているはずなのに、どうして大量虐殺が行われるのか理解できません。

確かにそういう疑問は出てくるよね。詳しく説明しようとすると、東南アジアの話から離れて、共産主義の歴史や中国の歴史に深く入っていかないといけないので、ごく簡単に説明します。

中国の毛沢東はマルクス・レーニン主義を掲げて共産主義革命を起こしたのですが、やがて「毛沢東思想」という個人崇拝の理論を強く打ち出すようになります。マルクス・レーニン主義とは似ても似つかぬ個人崇拝を押し広げて独裁への道を進みます。それを真似したのが北朝鮮です。金日成の思想（主体《チュチェ》思想）も、源流は毛沢東思想にあります。

毛沢東思想とは、どういうものだったのか。大まかにいうと、知識人と肉体労働者が分かれているのはおかしい。知識人は、頭でっかちになる。人間は肉体労働もしなければいけない、という考え方です。そういう思想のもとに行われたのが、「文化大革命」です。知識人をどんどん農村に送り込んで、畑仕事をさせたのです。毛沢東が死んでしまったために、中国の「文化大革命」は終わりましたが、ポル・ポトは毛沢東思想をそのまま受け入れて、知識人に対する敵視政策を取りました。

ポル・ポトというのは活動家名で、本名はサロト・サルといいます。実はカンボジア王家につながる、名門の家系出身なんです。サロト・サルという本名で共産主義革命をやろうとすると、なんだ、金持ちのぼんぼんかと言われる。貧しい農家の出身を装うために、ポル・ポトという活動家名を使ったのです。

たとえば、ソ連のスターリンも、本名ではありません。「鋼鉄の人」を意味する活動家名で本名はヨシフ・ヴィサリオノヴィッチ・ジュガシビリといいます。共産主義は、資本家を排除するでしょう。だからお金持ちだとあまり都合がよくない。また、当局の弾圧を避けるため、共産主義者は活動家名を使うことがよくあります。

ポル・ポト自身は良家のぼんぼんだったので、フランスに留学しています。フランス留学中にフランス共産党に出合い、共産主義に傾倒。本国に戻ってきて共産主義運動を始めます。共産主義になるきっかけがフランス共産党だったというのは、ベトナムのホー・チ・ミンと同じです。ホー・チ・ミンは北ベトナムのみならず、南ベトナムでも敬愛されました。しかしポル・ポトは、毛沢東思想をさらに過激に解釈して、独裁者への道を進みます。

カンボジア人の反ベトナム感情を利用した

共産主義はすべての人々が平等であるべき、という考え方に基づいています。人類の初期の社会のように階級による上下関係や、経済格差がない世界を目指す考え方、これを原始共産主義といいます。それを一挙にやろうとしたポル・ポトは、「資本主義をただちに捨てる」として、紙幣をなくしました。当然、反発が起きます。ポル・ポト政権は反対する人たちを次々に殺していきました。

国は次第に貧しくなっていき、カンボジア国内でも不満が高まり始めます。第2章で少し話しましたが、国内で不満が高まると、政権は外に敵をつくり出します。外に敵がいれば、国内がまとまるというわけです。カンボジアは隣国のベトナムを敵視し、ベトナムに対して軍事攻撃などを散発的に始めるようになります。ポル・ポトは、カンボジアの人たちの反ベトナム感情を利用しました。

どういうことか。かつてフランスはインドシナ半島を植民地化していました。カンボジアを占領する過程で、フランスはベトナム人を使ったのです。植民地支配に対するカンボジアの人たちの恨みは、フランスに向かずにベトナムに向かいました。ポル・ポト政権は、カンボジア人の反ベトナム感情を利用して、ベトナムとの国境線において断続的に攻撃を仕掛けることで緊張関係をつくり出し、国内をまとめようとします。

カンボジアからの攻撃に我慢できなくなったベトナムは、カンボジアに攻め込みます。ポル・ポト政権とベトナム軍がカンボジアで戦闘状態になりました。ポル・ポトは、もともと中国の毛沢東の理論に心酔していましたね。そこで中国はポル・ポト政権を支援するために、ベトナムに攻め込みました。ベトナム軍はカンボジアに入っている。中国がベトナムを攻撃すれば、カンボジアにいるベトナム軍は、ベトナムに戻らざるを得ないだろう。そういう作戦で、中国はカンボジアを助けようとしました。

ところが、ベトナム軍はカンボジアに送り込んだ軍隊を呼び戻すことなく、ベトナムに残っていた軍だけで中国と戦います。なぜそんなことができたのでしょう。

ベトナム戦争の途中で、アメリカ軍は兵器を南ベトナム政府軍に渡して撤退しました。その後、南ベトナムは崩壊して南北ベトナムは統一。ベトナムは、アメリカ軍が使っていた当時の最新兵器を持っていたのです。この頃の中国の軍隊は今ほど近代化されていませんでした。ひたすら人海戦術で、兵士が銃を持って突撃することしかできなかった。ベトナム軍はアメリカ軍の最新兵器を使って、中国を撃退することができたのです。

さらに、もうひとつ理由がありました。中国と対立を深めていたソ連がベトナムを支援していたのです。ソ連にとって対立する中国は敵です。中国にとっての敵はベトナムです。つまり敵の敵は味方という理屈で、ソ連はベトナムを支援しました。ソ連は偵察衛星を使って中国軍の動きを把握。ベトナムに対して、中国軍がどこから攻めてくるかをあらかじめ教えていました。それによってベトナムは、中国軍を待ち伏せして撃退できたのです。

知識人をみんな殺してしまった

原始共産主義を掲げるポル・ポトは、知識人に対する敵意をあらわにします。原始共産主義においては、肉体労働こそが望ましい。知識人は皆殺しにしよう。では、知識人をどうやって見分けるのか。これが驚きです。メガネをかけている人を標的にしたのです。メガネをかけているということは、子どもの頃から本を読んでいたインテリだ。メガネをかけているものは全員殺す。とんでもなく乱暴な論理です。

次に何をやったのか。メガネをかけていないインテリもいる。学校の先生はみんなインテリだ。メガネをかけていない学校の先生も一挙に殺そうとします。でも退職した先生もいます。

Qポル・ポト政権は、どうやって学校の先生をあぶり出したのでしょう。

――みんな命の危険があるから、名乗り出るはずはありませんよね。学校の名簿を使って探していった。

なるほど。そういう方法も考えられるね。ポル・ポトは、突然農村地帯に学校をつくるという計画を発表します。「学校をつくります。学校の先生をしていた人たち、名乗り出てください」と言って、先生を集めました。そして、名乗り出た先生はみんな連れ去られて殺されました。

なぜ、このようなポル・ポトによる殺戮《さつりく》が明るみに出たか。その時に怪しいと思って名乗り出ず、生き延びることができた先生がいたからです。ポル・ポト政権が崩壊したあと、実はこんなことがありましたと証言したのです。

さらにカンボジアから海外に留学している人たちもたくさんいます。その人たちが海外で反ポル・ポト運動を始めたらいけないと考えます。「新生カンボジアをつくります。海外に留学している若者たち、みんな本国の再建のために戻ってきてください」と呼びかけました。海外にいた留学生たちは、新しい国づくりに参加しようと思って本国に戻ってきた途端、全員空港からそのまま連行されて殺害されたのです。

ポル・ポト政権は、殺害する前に全員の写真を撮り、名前などを全部リストにしていました。上部に報告するためでした。その記録がすべて残っています。ポル・ポトは自国民を殺し続けたのです。『キリング・フィールド』という映画を見たことがある人はいますか。この映画はアメリカ人ジャーナリストによるカンボジアの大量虐殺の取材体験をもとにつくられています。

私も、知識人の大量虐殺が行われた「トゥールスレン収容所」(写真⑯)に取材に行きました。もとは高校だった場所にのべ2万人が収容され、生きて出られたのは7人だけだといわれています。まるでナチスのアウシュビッツ強制収容所のようですね。さらにプノンペン市内から少し離れたところにある「チュンエク大量虐殺センター」も取材しました。

慰霊塔の中には、虐殺された人たちの頭骸骨が保管されています。多くの頭蓋骨はひび割れたり、穴が開いたりしていました。銃弾がもったいないからと農機具で殴り殺された人が多かったからです。これらの場所は一般公開され、世界中から多くの観光客が訪れています。残念ながら日本人の観光客は少ないそうです。

話を戻しましょう。ポル・ポト政権は国民の不満の目を外に向けるために、ベトナムを仮想敵としてちょっかいを出していました。１９７８年、ベトナム軍がついに本格的に反撃します。侵攻からわずか２週間でポル・ポト政権はあっけなく倒れます。ベトナム寄りのヘン・サムリン政権が誕生し、ポル・ポト派の残党などとの間で内戦状態になります。

写真⑯―トゥールスレン収容所は現在、大量虐殺のメモリアル施設「トゥールスレン・ジェノサイド博物館」になっている。来館者は犠牲者たちの写真の中を進む｜写真提供：AFP＝時事

――ポル・ポトは独裁政権で軍も強力なイメージがあります。なぜそんなに簡単に倒されたのですか？

ポル・ポトは自分に少しでも反抗するものはすべて粛清していました。軍の中堅幹部たちも層が薄くなっていて、国民は飢えに苦しんでいます。ポル・ポトが倒れれば、命が助かると考えた人も多かったのでしょう。国民は政権を守ろうとしなかったのです。

ベトナム軍のカンボジアへの侵攻は、国際法上許されません。世界から非難を浴びました。しかしその結果、ポル・ポト政権が倒れ、大量虐殺が終わったのも事実です。

「人道的介入」という概念があります。ある国で大量虐殺が起こっている。しかし、国内の力では止めることができない。そういう場合には国際勢力が介入することが許されるのではないかという考え方です。ソマリアやボスニアへの兵力の派遣などが人道的介入の名目で行われました。その一方で、他国の介入は許されるものではないという意見もあります。人道的介入をめぐって大論争に発展し、今もって結論は出ていません。

アフリカにも独裁国家がいくつもあります。そこで、何かが起こった時に、国際社会はどう対応すればいいのか。私たちに突きつけられている大きな問題なのです。

日本人も犠牲になった

カンボジアでは1989年にベトナム軍が撤退後、対立勢力が歩み寄り、1991年にパリ和平協定が結ばれ、新しい国づくりが始まりました。しかし、ポル・ポトによって知識人が皆殺しにされてしまいました。学校をつくろうとしても、先生がいないのです。カンボジアの再建は現在でもとても困難な状態なのです。

国連カンボジア暫定統治機構（ＵＮＴＡＣ）が組織され、その特別代表に日本から明石《あかし》康《やすし》氏が就任し、ポル・ポト派の残党が残る危険なカンボジアで和平を実現することに尽力しました。

Qこの時、ある法案について日本国内でも大論争が起こりました。なんでしょう？

――**ＰＫＯ法案です。**

そうです。ＰＫＯに自衛隊を出動させることは合憲なのか、違憲なのかで論争となりました。法案の成立によって、ＰＫＯ活動において日本の自衛隊は道路の補修や物資の移送などの後方支援を行うことになり、カンボジアに派遣されました。

カンボジアには、内戦中に400万から600万個もの地雷が地中に埋められました。その多くがまだ残ったままです。ひとりの兵士が地雷を踏む。その兵士は足が吹き飛ばされます。助けるためには、ふたりの兵士が肩を貸さなくてはなりません。1個の地雷で3人の兵士が戦場からいなくなる。地雷はそのための兵器です。地雷が悪魔の兵器だといわれるゆえんです。

地雷の撤去作業は、手作業で行われています。ひとりで1万個の地雷を撤去したという人を取材しました。実はその人は少年兵として、かつて、自ら地雷を埋めていたそうです。もちろん日本政府も支援していますが、地雷をすべて撤去するためには、まだ何十年もの時間がかかります。

カンボジア内戦では、日本人ジャーナリストも命を落としました。1973年11月、ポル・ポト派が支配していたアンコールワットを取材中の一ノ瀬泰造《いちのせたいぞう》さんが、消息を絶ちました。一ノ瀬さんは、取材に向かう前に友人に宛て「うまく撮れたら、東京まで持って行きます。もし、地雷を踏んだらサヨウナラ!」という手紙を送っていたそうです。

先ほどベトナム戦争の写真でピューリッツァー賞を受賞したと紹介した、沢田教一さんもカンボジア内戦取材中にゲリラに襲われ亡くなりました。ベトナムでも、もちろん戦場ですから命の保証があるわけではありません。しかしベトナム戦争下では、解放戦線のゲリラたちは国籍に関係なく世界のジャーナリストたちの従軍を認めて命を守っていました。自分たちの主張を世界に知ってもらうためです。

しかしカンボジアでは、独裁者のポル・ポトが支配権を握っていました。国際社会の常識など通用しません。ベトナム戦争を取材していた従軍記者たちの多くが、取材のためカンボジアに入りました。しかしみんなことごとく消息を絶ったのです。ポル・ポトはジャーナリストを敵だとみなし、捕まえたらすぐに殺害しました。

なぜジャーナリストは、こんな危険なところに自ら進んで入っていくのか。特に独裁政権下で行われている虐殺は、国外はもちろん国内にも進んで知らせることはありません。誰かが真実を伝えないと、その虐殺や戦争はなかったことにされてしまうからです。

そして、もうひとり、カンボジアで犠牲になった日本人青年のことをお話ししておきましょう。１９９３年にカンボジアで初めて行われる民主的な選挙を支援するために、国連ボランティアとして参加していた中田《なかた》厚仁《あつひと》さんです。

中田さんは、新しいカンボジアをつくるために選挙がどんなに大切なのか、農村地帯の人たちに説いて回っていました。さらに子どもたちへの教育の大切さを訴え続けていました。

しかし選挙の1か月前、ゲリラに襲われて死亡します。中田さんが担当していた地域は、最も危険な地域だといわれていました。誰も行かないところだからこそ自分が行かなければならない。中田さんは友人にそう言っていたそうです。選挙当日、中田さんが担当していた地域の投票率は99・9%だったそうです。

建国の父アウンサン将軍の娘

東南アジアの締めくくりとして、ミャンマーのアウンサンスーチーさんの実像に迫っていきましょう。

Q アウンサンスーチーさんのことは、もちろん知っていますよね？

——ノーベル平和賞を受賞した、ミャンマーの指導者です。

どういう理由でノーベル平和賞を受賞したか知っていますか？

——軍事政権に対して非暴力で民主化を求めた運動を続けたからです。

そうですね。では、アウンサンスーチーさんというのはどういう人なのか。

太平洋戦争の時代にさかのぼります。当時、ミャンマーはイギリスの植民地でビルマと呼ばれていました。日本はベトナムを支配し、さらにビルマも攻めて占領します。ビルマを占領したのは、アメリカやイギリスが蔣介石を支援するための「援蔣ルート」（p37地図④）をなんとしても断ち切りたかったからです。

日本がベトナムを占領したことによって「援蔣ルート」が、ベトナムからビルマへと移ったんですね。日本はビルマを占領することによって、日中戦争を有利に戦おうと考えたのです。

この時に日本軍が目をつけたのが、ビルマでイギリスからの独立運動をしようとする若者たちでした。その中心人物がアウンサンという大学生でした。日本軍は、我々に協力してくれればビルマの独立に力を貸すと説得。アウンサンは30人の仲間とともに日本軍に合流。日本軍が基地にしていた中国の海南島《ハイナン》で軍事訓練を受けます。

太平洋戦争が始まり、日本軍は彼らを支援するというかたちでビルマに攻め込みました。イギリスの植民地支配に不満を持っていた人たちが次々に合流し5万人の軍隊となり、イギリス軍を追い払うことに成功します。

しかし、イギリスから独立できたと思ったのも束の間、日本軍がビルマを占領します。ビルマ国が建国されますが、日本の傀儡《かいらい》国家でした。日本に不信感を抱いたアウンサン将軍は、今度はイギリスと協力し、日本をビルマから追い出します。そして太平洋戦争が終わると、イギリス人は独立の約束を履行せず、ビルマは再びイギリスの植民地に戻ってしまいます。そこで、アウンサンたちはイギリス本国に独立を直談判します。イギリスも戦争によって国力が弱っていたので、植民地経営する力は残っていなかったのです。

１９４８年１月にビルマは独立を果たしますが、その直前の１９４７年７月、新政府をどうするかについて会議をしていたアウンサンたちのところに、男たちが乱入して銃を乱射。その場にいた全員が死亡しました。ビルマを独立に導いたアウンサンは、建国に立ち会うことなく亡くなりました。

これが悲劇の建国の父、アウンサン将軍です。そしてその娘こそが、アウンサンスーチーです。ちなみにアウンサンスーチーという名前を、「アウンサン・スーチー」と表記することがありますが、実はミャンマーには名字と名前の区別がありません。全部名前なのですね。アウンサンスーチーが正式の表記です。ここでは便宜上スーチーさんと呼ばせてもらいます。

アウンサンという名前は父親からもらいました。スーとチーは母親や祖母からそれぞれの名前をもらって、アウンサンスーチーという名前になったそうです。ミャンマーの人たちは、この名前を見ただけで、あのアウンサン将軍の娘だということがすぐわかるのです。

ビルマが独立を果たしたあと、アウンサン将軍の奥さん、つまりスーチーさんの母親はビルマの在インド大使に任命されて、インドに赴任します。スーチーさんは物心ついてしばらくはインドで暮らしていました。この時にマハトマ・ガンジーの非暴力抵抗運動に影響を受けるんですね。

スーチーさんは高校を卒業してデリー大学に進学したあと、19歳でイギリスのオックスフォード大学に留学します。一時、国連の事務局で働いたあと、オックスフォードの学生時代に知り合ったマイケル・アリスさんと結婚、しばらく専業主婦となります。マイケル・アリスという人は、イギリス人ですがチベットやヒマラヤの文化についての研究をしていました。夫妻はブータンに住んでいたこともあります。イギリスに帰国後、ふたりの息子をもうけます（p217図表⑯）。

スーチーさんが自宅軟禁された

さて、イギリスから独立したビルマはどうなったのか。独立から14年後の1962年、ネウィン将軍が軍事クーデターを起こし社会主義体制の独裁政権が始まります。しかし独裁に対する不満が高まり1988年に学生たちによる民主化運動が起こります。

フィリピンでマルコス独裁政権が倒れたのが1986年。そして1989年から90年にかけて、東西冷戦が終わります。ちょうどこの頃、世界の戦後の体制が大きく揺らいでいたのですね。ベルリンの壁が崩れ、社会主義の国々が崩壊していく一方で、資本主義の国では、独裁政権に不満を持った人々が次々に民主化運動を起こしました。世界を揺るがす大きな変革の波の中で、ビルマの民主化運動が起きました。

ちょうどこの時、スーチーさんは、母親のいるビルマに帰国していました。母親が病気で倒れ、その看病のためにたまたまビルマに帰っていたのです。民主化運動をしていた学生たちは、アウンサン将軍の娘がビルマに帰って来ていることを知ると、スーチーさんにぜひ力を貸してほしいと頼み込みます。

スーチーさんは、夫とふたりの子どもたちをイギリスに置いたままです。しかし、民主化運動に協力してほしいと言われ、そのまま民主化運動の指導者への道を歩み始めます。

1988年8月26日、当時の首都ラングーンのシュエダゴン・パゴダで一大民主化運動の政治集会が開かれました。この時スーチーさんが初めて表舞台に立って、演説をします。シュエダゴン・パゴダはミャンマーの人たちにとって、最大の崇拝対象になっている仏教寺院です。そこに集まった50万人の群衆を前に演説する彼女の姿は非常に凛々《りり》しく、美しかった。花の髪飾りをつけ、毅然とした態度で聴衆に訴えるアウンサン将軍の娘。スーチーさんは絶大な人気を得て、民主化のシンボルとなって軍事政権と対峙することになります。

反政府運動は大きく盛り上がり、ネウィン政権は倒れます。ところがネウィンを支えていた軍部がクーデターを起こし、新たな軍事政権が誕生してしまいます。しかし新政府も国民の不満を抑えることができず、民主的な手続きに則《のっと》って選挙を行うことを約束します。

この時スーチーさんを中心とした民主化運動の組織ができます。それがＮＬＤ（National League for Democracy　国民民主連盟）です。

総選挙が行われる前に、ＮＬＤが圧勝しそうだと感じ取った軍部は、選挙前年の１９８９年にスーチーさんを自宅に軟禁します。

――選挙はどうなったのですか？

約束どおり選挙は行われ、ＮＬＤは圧倒的多数の議席を確保します。ところが選挙でＮＬＤが勝った途端、軍事政権はこれを認めないと言い出します。ＮＬＤの幹部は次々と逮捕され、スーチーさんも解放されないままです。ここから軍事政権による弾圧を受け続けることになります。スーチーさんは軍事独裁政権に対して、ガンジーのような非暴力の抵抗を貫きます。

悲劇のヒロインとして注目を集めた

1991年、スーチーさんにノーベル平和賞が授与されることになりました。ノーベル平和賞の授賞式はノルウェーで行われます。しかしスーチーさんは、自宅に軟禁されたままでした。

Q 軍事政権は、ノーベル平和賞授賞式への出席を認めたと思いますか？

――**思いません。そのままスーチーさんが帰ってこなくなる可能性があるからです。**

普通はそう思いますよね。でも軍事政権側はスーチーさんに対して、「どうぞノルウェーに行ってください」と許可を与えたのです。どういう意図があったのでしょう。

スーチーさんが国外に出て、戻らなければ、民主化運動のシンボルがなくなります。軍事政権にとっては出国してもらうほうが好都合だったのです。要するに、ノルウェーから帰ってきても、入国させなければスーチーさんがミャンマーに足を踏み入れることはできないわけです。ノーベル平和賞の授賞式に行けば、ミャンマーに戻ってくることができないことがわかっていたスーチーさんは、出国せずそのまま自宅軟禁の道を選びました。

図表⑯—**アウンサンスーチーの半生**

年	年齢	できごと
1945	0	首都ラングーン(現ヤンゴン)に生まれる。
1947	2	父アウンサン将軍が射殺される。
1960	15	母のインド大使就任にともない、インドに移住
1964	19	デリー大学のシュリラム・カレッジで学んだのち、イギリスのオックスフォード大学に留学
1969	24	ニューヨークの国連事務局に勤務(1971年まで)
1972	27	イギリス人のチベット研究者、マイケル・アリスと結婚しブータンに住む
1973	28	イギリスに移る。長男アレキサンダー生まれる
1977	32	次男キム生まれる
1985	40	京都大学東南アジア研究所の客員教官として来日
1988	43	4月、母の看病のため、ビルマに帰国 8月、反政府統一戦線の集会で民主化への早期実現を訴え、民主化運動の中心的存在となる 9月、国民民主連盟(NLD)を創設、書記長に就任
1989	44	7月、軍部により自宅軟禁される
1990	45	5月、総選挙でNLDが圧勝するも、軍事政権はこれを認めず
1991	46	7月、サハロフ賞、10月、ノーベル平和賞を受賞するも、授賞式には出席せず
1997	52	夫マイケル・アリスが末期癌に罹患していることが判明。ミャンマー大使館に渡航のためのビザ申請をするも、認められず
1998	53	7月、軟禁が解かれる
1999	54	3月、夫マイケル・アリス死去
2000	55	9月、2度目の軟禁へ(2002年5月まで)
2003	58	5月、3度目の軟禁へ(2010年11月まで)
2012	67	4月、下院補欠選挙にNLDから出馬して当選 6月、受賞から21年後、ノーベル平和賞の受賞演説
2016	71	4月、ミャンマー連邦共和国国家顧問となる
2017	72	9月、ミャンマー政府のロヒンギャへの弾圧が明るみに。国際社会から非難され、ノーベル賞剥奪の署名運動が起きる

アウンサンスーチー
写真提供:AFP=時事

1988年の反政府集会で演説するスーチー(中央)
写真提供:AFP=時事

1991年、ノーベル平和賞の授賞式に出席できなかった母の代わりにメダルと賞状を受け取る長男(中央)と次男(右)
写真提供:AFP=時事

実際にスーチーさんがノーベル平和賞の受賞演説を行ったのは、それから21年後。ミャンマーが民主化されたあとの、2012年のことでした。

1997年、イギリスにいた夫のマイケル・アリスさんが癌になりました。マイケルさんは、これが最後かもしれないと、スーチーさんに会うためにイギリスのミャンマー大使館にビザの申請をします。しかし軍事政権はそれを認めません。

スーチーさんが会いに行けばいいじゃないかというわけですね。軍事政権としては、なんとしてもスーチーさんを国外に追い出したい。本心はきっと殺したかったのでしょう。しかしビルマ建国の父、英雄アウンサン将軍の娘です。もし殺したら全国民を敵に回します。

さらにアウンサン将軍はビルマの建国の父であると同時に、日本軍から軍事訓練を受けてビルマの軍隊をつくった創設者でもあります。つまりミャンマーの軍事政権にとってもヒーローです。その娘をないがしろにすることはできません。スーチーさんは、死期が近い夫に会うことを断念します。1999年、マイケルさんは亡くなります。結局、夫の死に目には会えませんでした。

マイケル・アリスさんと結婚した当時、スーチーさんが彼に宛てたラブレターがあります。私はマイケル・アリスさんの著書でそれを読んだのですが、ふたりはこれからも一緒に暮らしていくのだという思いが綴られている一方で、もし私の祖国が自分を必要とした場合、あなたといつも一緒にいられるとはかぎりませんとも書いてありました。スーチーさんは、将来、愛する夫と愛する祖国の間で、自分の思いが引き裂かれるような出来事が起こるのではないか、という予感を持ちながら結婚したのだということがわかります。

スーチーさんはノーベル平和賞を受賞し、世界の世論は、軍事独裁政権に対する批判を強めます。スーチーさんは悲劇のヒロインとして、世界から注目されるようになります。

スーチーさんが軟禁されていた自宅に入れてもらったことがあります。自宅軟禁というので、狭い家から外に出られないというイメージを持っていたんですね。ところが湖の横の、実に広大な敷地の中に大きな家がある。スーチーさんの身の回りの世話をしている人たちの家もある。毎日、髪飾りにするバラなどの花園もある。自宅軟禁といっても、この家の敷地から出られないだけなのだと、見方が変わりました。パラボラアンテナがいくつもあって、海外の情報は全部ここで得ていたのだということもわかりました。

スーチーさんが大統領を動かしている

1989年にビルマの独裁政権は国の名前をビルマからミャンマーに変えます。首都のラングーンも、ヤンゴンに変わります（現在の首都はネーピードー）。もともとイギリスが植民地化した時に、ミャンマー（Myanmar）を英語でビューマ（Burma、日本語だとビルマ）と聞き間違えてこの名前にしたと言われています。だからもともとの名前に変えるにすぎません。軍事独裁政権が名前を変えても、変えること自体には合理性があるのですが、軍事独裁政権に反対する人たちは、ミャンマーと呼ばずに、ビルマと呼び続けました。

スーチーさんの非暴力の戦いが評価され、国際社会の圧力もあって、軍事独裁政権に幕を引く時が訪れます。２０１５年、ミャンマーは民主化を果たします。

実は軍事政権の時に、憲法を改正していました。どういう改正か。親族が外国人の者は大統領になれない、という憲法をつくっていたのです。スーチーさんの夫はイギリス人でした。ふたりの息子もイギリス国籍です。つまり、スーチーさんが大統領になる資格を与えないための憲法をつくったわけです。その憲法はいまだに改正できないので、スーチーさんは大統領になれません。

そのかわり、圧倒的な力を持つＮＬＤから大統領を出しました。ティンチョーに続いて現在はウィンミンが大統領です。大統領はスーチーさんの言うことを聞く人です。そしてＮＬＤは、スーチーさんを「国家顧問」という、憲法に規定のない立場に置きました。大統領ではないけれど、大統領を動かすことができる最高指導者。つまりスーチーさんが実質的な大統領になっているということですね。

民主主義の原則でいうと、おかしな話です。国民から選ばれたわけではない人物が、国民が選挙で選んだ大統領を動かすことができる。スーチーさんがトップになってよかったと思う一方で、ちょっと待てよ。何かおかしいんじゃないか、という疑問もわいてきます。

ロヒンギャ問題では国際社会の批判の的に

そして最近、スーチーさんが国際社会から批判されていることがあります。それがロヒンギャ問題です（p222図表⑰）。ロヒンギャとは何か？　実は、民族なのか、部族なのか、団体の名前なのか、語源がはっきりしていません。ちょうどバングラデシュと接しているミャンマー側の地域にロヒンギャと呼ばれるイスラム教徒の人たちが大勢住み着いているのです。

ミャンマーという国には、さまざまな少数民族が住んでいます。そのほとんどが仏教徒なんですね。しかしロヒンギャは少数派のイスラム教徒です。ミャンマーの中では異端扱いされ、差別を受けたり、抑圧されたりしています。ロヒンギャを追い出せ、イスラム教徒をわが国から追い出せと扇動する過激な仏教徒のお坊さんがいるんです。その結果、軍

図表⑰—**ロヒンギャ問題とは**

ロヒンギャはミャンマー西部のラカイン州に住むイスラム教徒たちの総称で、約110万人いるといわれる。仏教徒が9割のミャンマーにおいて、かつては共存していたが、次第に差別・迫害を受けるようになり、死者を出す衝突が頻繁に発生している。

●ロヒンギャ問題をめぐる経緯

1982年	ミャンマー軍事政権がロヒンギャを隣国バングラデシュからの不法侵入者とみなし、国籍を剥奪、土地も没収。これ以降、迫害が続く
2012年	6月、イスラム教徒と仏教徒との対立が激化し、ラカイン州に非常事態宣言
2016年	10月、ロヒンギャの武装集団が警察施設を襲撃。軍が弾圧
2017年	2月、国連人権高等弁務官事務所が、ミャンマー政府がロヒンギャ殺害に加担していると発表 8月、ロヒンギャの武装集団が軍事施設などを襲撃したことにより衝突が拡大、400人以上が死亡。バングラデシュへの大規模な避難が始まる 9月、国連人権高等弁務官が「典型的な民族浄化」であると発言。アウンサンスーチー国家顧問が平和的手段での解決を目指すと表明するも、解決には至っていない

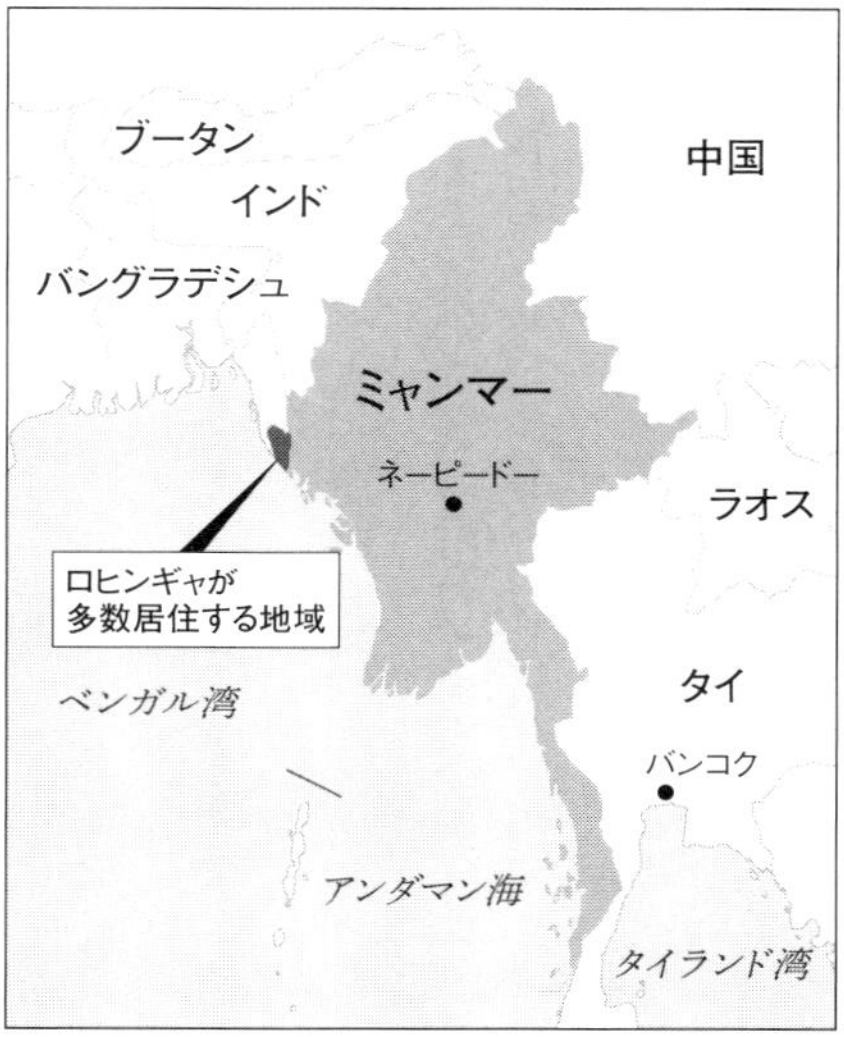

ミャンマーを逃れ、船でバングラデシュに到着したロヒンギャ難民
｜写真提供：ユニセフ／時事通信社

隊によるロヒンギャ弾圧が起きて、70万人が難民となってバングラデシュに逃げ出しました。バングラデシュ自体ものすごく貧しい国ですよね。その貧しいバングラデシュにロヒンギャの人たちが逃げ込んでいる。

それに対して、なぜかスーチーさんは何も手を打たない。そこで、国際社会が激しく非難し始めます。国際人権団体アムネスティ・インターナショナルはスーチーさんに授与していた人権賞を取り消しました。ノーベル平和賞を剝奪しようという署名運動も起きていますが、ノーベル平和賞選考委員会は、賞が剝奪されることはないと言明しています。

スーチーさんは、2018年10月に来日して、安倍晋三総理大臣と会談しました。メコン川の開発をめぐる会議への出席が主目的ですが、スーチーさんは今、ロヒンギャの問題をめぐって、国際的に反発を受けています。国連に行くとロヒンギャ問題について厳しく追及されるものだから、このところ国連への出席はしていません。日本はロヒンギャ問題でスーチーさんを批判しないので、居心地がいいんだろうと皮肉る見方もありました。

安倍総理は「ロヒンギャ問題について、日本はミャンマー政府の問題解決に向けた取り組みを支えていく」と発言。スーチーさんもこの問題に「重点的に取り組んでいく」と述べるにとどまりました。

世界のニュースを見ていると、物事って単純じゃないのだということがわかります。スーチーさんの半生を見ると、本当に悲劇のヒロインです。素晴らしい人だと思う一方で、国民から選ばれたわけでもないのに、最高指導者になっている。そして、ロヒンギャ問題については口をつぐんでいる。となると、スーチーさんをどう評価すればいいのかわからなくなります。これからも目を離せない存在です。

アジアの一員としてのグローバリズム

ヒーローやヒロインといわれても、ただ単純にいいとか悪いとか、人間はそんなに単純に割りきれるものではありません。人間にはいろいろな側面があります。悲劇のヒロインだったスーチーさんが国際社会から非難を受ける立場になっている。現実に起きていることに対して、多様な見方をすることが、実は重要なのではないかと思います。

東南アジアといっても、さまざまな民族がいて、さまざまな宗教があり、さまざまな政治体制がある。簡単にひとくくりにできるものではありません。東南アジアという概念は、日本が太平洋戦争で占領したことによって公式に使われるようになった。日本と東南アジアというのは、そういう因縁があって非常につながりが深い。そして、日本が東南アジアに戦時賠償金を払い、ＯＤＡによる経済支援をしてきたことによって、東南アジアが発展したこともまた事実です。

そういう現実を踏まえて、急激に経済が成長している東南アジアの人たちとどう付き合っていけばいいのか、私たちは考えなければなりません。そして、それぞれの国の人たちと付き合う時に、その国と日本との間にはどのような歴史があったのかを知る。これもまた大切なことです。

グローバリズムという言葉があるでしょう。日本の国際化とかグローバル化とか言う時に、私たちの念頭にあるのはいまだに欧米だと思います。ヨーロッパやアメリカとどう付き合っていくのかがグローバル化だとつい思ってしまうけれど、日本はアジアの中にある。グローバル化っていうのは、欧米化することだけじゃない。アジアの一員として、アジアの多様な国々と付き合っていくこともまたグローバリズムのひとつの流れになるのだと思います。

東南アジア各国データ

出典：外務省、IMFのデータをもとに編集部で作成（GDPの単位は米ドル。括弧内は世界順位）

インドネシア共和国

面積	約189万㎢（日本の約5倍）
人口	約2億5500万人（2015年）
首都	ジャカルタ
言語	インドネシア語
宗教	イスラム教、キリスト教、ヒンドゥー教、仏教、儒教など
政体	共和制
GDP	1兆154億1100万ドル（16位）

シンガポール共和国

面積	約720㎢（東京23区と同程度）
人口	約561万人（2017年）
首都	―
言語	マレー語（国語）、公用語として英語、中国語、タミール語
宗教	仏教、イスラム教、キリスト教、道教、ヒンドゥー教
政体	共和制
GDP	3239億200万ドル（37位）

カンボジア王国

面積	約18万1000㎢（日本の約1/2弱）
人口	約1610万人（2017年）
首都	プノンペン
言語	カンボジア語
宗教	仏教、一部少数民族はイスラム教
政体	立憲君主制
GDP	220億8700万ドル（110位）

東ティモール民主共和国

面積	約1万4900㎢（東京・千葉・埼玉・神奈川の合計面積とほぼ同じ）
人口	約118万人（2015年）
首都	ディリ
言語	国語はテトゥン語とポルトガル語。実用語にインドネシア語と英語
宗教	キリスト教、イスラム教
政体	共和制
GDP	27億7500万ドル（164位）

タイ王国

面積	約51万4000㎢（日本の約1.4倍）
人口	約6572万人（2015年）
首都	バンコク
言語	タイ語
宗教	仏教、イスラム教
政体	立憲君主制
GDP	4553億7800万ドル（26位）

ブルネイ・ダルサラーム国

面積 約5765㎢(三重県とほぼ同じ)

人口 約42万人(2016年)

首都 バンダルスリブガワン

言語 公用語はマレー語、ほかに英語や中国語

宗教 イスラム教(国教)、ほか仏教、キリスト教など

政体 立憲君主制

GDP 121億2800万ドル(132位)

フィリピン共和国

面積 約29万9404㎢(日本の約8割)

人口 約1億98万人(2015年)

首都 マニラ

言語 国語はフィリピノ語、公用語に英語。80前後の言語がある

宗教 ASEAN唯一のキリスト教国(人口の9割以上)。ほかにイスラム教

政体 共和制

GDP 3135億9500万ドル(39位)

マレーシア

面積 約33万㎢(日本の約9割)

人口 約3200万人(2016年)

首都 クアラルンプール

言語 国語はマレー語、ほかに中国語、タミール語、英語

宗教 イスラム教(連邦の宗教)、仏教、キリスト教、ヒンドゥー教、儒教、道教など

政体 立憲君主制

GDP 3123億8600万ドル(40位)

ベトナム社会主義共和国

面積 約32万9241㎢(日本の約9割)

人口 約9370万人(2017年)

首都 ハノイ

言語 ベトナム語

宗教 仏教、キリスト教(カトリック)、カオダイ教など

政体 社会主義共和制

GDP 2203億7600万ドル(46位)

ラオス人民民主共和国

面積 約24万㎢(日本の約6割)

人口 約649万人(2015年)

首都 ビエンチャン

言語 ラオス語

宗教 仏教(一部イスラム教)

政体 人民民主共和制(人民革命党による一党支配)

GDP 169億7400万ドル(118位)

ミャンマー連邦共和国

面積 約68万㎢(日本の約1.8倍)

人口 約5141万人(2014年)

首都 ネーピードー

言語 ミャンマー語

宗教 仏教(人口の9割)、キリスト教、イスラム教など

政体 共和制

GDP 672億8400万ドル(72位)

東南アジア略年表
（本書に関連した項目を中心に作成）

1565 スペインによるフィリピンの植民地支配が始まる。
1600 イギリスで東インド会社設立。
1602 オランダで東インド会社設立。
1800 オランダがインドネシアを植民地化（オランダ領東インド）。
1819 イギリスがシンガポールを占領。
1824 第一次イギリス・ビルマ戦争。
1825 ジャワ戦争でオランダのジャワ支配が拡大。
1826 イギリスがマレー半島の南部のペナン、マラッカとシンガポールに海峡植民地を設立。
1828 オランダがニューギニア島の西半分の領有権を主張。
1852 第二次イギリス・ビルマ戦争。イギリスがビルマの海岸部を植民地化。
1862 フランスが南ベトナムのコーチシナを領有。以後、カンボジア、トンキン（北部ベトナム）、アンナン（中部ベトナム）を保護領として、1887年にフランス領（仏領）インドシナとなる。
1868 シャム（タイ）でチュラーロンコーン国王（ラーマ5世）が即位し、近代化政策を進める。
1873 オランダがアチェ王国（スマトラ島北西部）に侵攻。
1885 第三次イギリス・ビルマ戦争。これによりイギリスはビルマ全土を植民地化。翌年、英領インドに編入。

1893 仏領インドシナにラオスを編入。
1896 英仏でシャム（現タイ）を緩衝地帯とすることを宣言。英領マラヤ成立。マレーシア一帯がイギリスの支配下に。
1898 アメリカ・スペイン戦争。パリ条約によりアメリカがフィリピンの領有権を獲得。
1920 インドネシア共産党結成。
1928 スカルノがインドネシア国民党を結成。
1930 ホー・チ・ミンが香港でベトナム共産党を結成。
1939 シャムがタイに国名を改める。
1940 9月、日本が北部仏領インドシナに進駐。
1941 5月、ホー・チ・ミンが母国に帰り「ベトナム独立同盟会（ベトミン）」設立。
12月8日、日本軍がマレー半島に上陸。同じ頃ハワイの真珠湾にある米海軍基地も奇襲し、太平洋戦争が勃発。
1942 日本は「大東亜共栄圏」を旗印に、開戦半年でマレー半島、香港、シンガポール、インドネシア、フィリピン、ソロモン諸島を占領し、ビルマも支配下に。
1945 8月、アメリカが広島・長崎に原爆投下。日本はポツダム宣言を受諾し、第二次世界大戦が終結。
8月、インドネシア独立宣言。オランダとの独立戦争へ。
9月、ベトナム民主共和国独立宣言。
1946 7月、フィリピン共和国独立。

12月、ベトナム・フランス、インドシナ戦争起こる(〜54年)。

1947 ビルマ独立運動を率いたアウンサン将軍が暗殺される。

1948 ビルマ連邦独立。

1949 ベトナム国、カンボジア王国、ラオス王国が独立。
ハーグ協定により、オランダがインドネシアの主権を認める。

1950 インドネシアが連邦制を撤廃し、単一共和国となる。暫定憲法が制定。

1951 9月、サンフランシスコ平和条約調印。

1954 7月、ジュネーブ協定によりインドシナ戦争の休戦宣言。ベトナムは南北に分断。2年後に南北統一選挙の予定。
11月、日本・ビルマ平和条約、賠償等の協定に調印。

1955 4月、インドネシアでアジア・アフリカ会議(バンドン会議)。
10月、南ベトナムでゴ・ディン・ジェム政権誕生。

1956 5月、日本、フィリピンと賠償協定調印。
ベトナムの南北統一選挙実施されず。

1957 マラヤ連邦独立。

1958 日本・インドネシア、平和条約、賠償協定調印。

1959 5月、日本、ベトナムと賠償協定調印。
6月、シンガポール自治政府発足、リー・クアンユーが初代首相に就任。

1960 南ベトナム解放民族戦線結成。

1962 インドネシアのスカルノ大統領、日本人の根本七保子さん(現デヴィ夫人)と結婚。

1963 マラヤ連邦、シンガポール、ボルネオ島の2州からなるマレーシア連邦成立。

1964 8月、北ベトナムの魚雷艇が米軍の駆逐艦に攻撃を仕掛けたとする「トンキン湾事件」により、両軍による軍事衝突が起きる。しかし、後年、米軍による捏造と判明。

1965 3月、アメリカが北爆を開始。ベトナム戦争が本格化。
8月、シンガポールがマレーシアから分離独立。
9月、インドネシア軍の左派によるクーデター発生。陸軍司令官のスハルトがこれを鎮圧。首謀者とされたインドネシア共産党への弾圧が始まり、スカルノが失脚「9月30日事件」。
12月、フィリピン、マルコス大統領誕生。

1966 3月、スカルノがスハルトに実権を委譲。
5月、ベトナム戦争を撮影した日本人報道カメラマン沢田教一の『安全への逃避』がピューリッツァー賞を受賞。
12月、アメリカと日本主導のアジア開発銀行(ADB)が設立。

1967 8月、ASEAN(東南アジア諸国連合)設立。タイ、インドネシア、シンガポール、フィリピン、マレーシアの5か国が加盟。

1968 1月、南ベトナムで解放戦線による「テト攻勢」。
5月、パリでアメリカ・ベトナムの和平会談。

1970 3月、カンボジアで、シアヌーク殿下の中国訪問中にロン・ノルらがクーデターを起こし、政権を掌握。
4月、米軍とベトナム共和国軍がカンボジアに侵攻。
5月、反ロン・ノル政権のカンプチア民族統一戦線が結成され、内戦に突入。
10月、カンボジア内戦を取材中の沢田教一が殺害される。

1973 11月、日本とASEANとの合成ゴム交渉。
同月、日本人報道カメラマンの一ノ瀬泰造が取材中のカンボジアで消息を絶つ。
1975 4月、カンボジアでポル・ポトのカンプチア民族統一戦線がプノンペンに入城。ロン・ノル政権崩壊(17日)。
4月、南ベトナム解放民族戦線によるサイゴン陥落(30日)。
1976 1月、カンボジアでポル・ポト政権が成立し、粛清が始まる。
2月、ASEAN協和宣言(バリ宣言)。
4月、南北ベトナム統一選挙。7月、ベトナム社会主義共和国成立(南北ベトナム統一)。
1978 ベトナム軍と反ポル・ポト派がカンボジアに侵攻開始。
1979 1月、ベトナム軍と反ポル・ポト派がプノンペンを制圧。ポル・ポト政権は崩壊し、ヘン・サムリン政権誕生。
2月、中越(中国・ベトナム)戦争勃発(〜3月)。
1981 マレーシアのマハティール首相が「ルック・イースト」政策を発表。
1983 フィリピンでマルコス政権の政敵だったベニグノ・アキノ・ジュニアが暗殺される。
1984 ブルネイが独立しASEANに加盟。
1986 2月、フィリピン大統領選挙にベニグノ・アキノの妻、コラソン・アキノが立候補。この選挙でマルコス大統領による票の操作が発覚し、国民が蜂起(2月革命)。マルコスは失脚し、コラソン・アキノが大統領に。フィリピンの民主化が始まる。
1988 3月、ベトナムと中国が南沙諸島で武力衝突。
8月、母の看病のためビルマ帰国中のアウンサンスーチーが反政府統一戦線の集会で演説。
9月、アウンサンスーチーを中心とした国民民主連盟(NLD)が組織される。
1989 6月、ビルマが国名をミャンマーに改める。
7月、アウンサンスーチーが軍部により自宅に軟禁される。
9月26日、ベトナム軍がカンボジアからの撤退を終了。
同月30日、マルコス元フィリピン大統領が亡命先のハワイで死去。
11月、アジア太平洋経済協力(APEC)発足。
1990 ミャンマー総選挙でアウンサンスーチー率いるNLDが圧勝するも、軍部がこれを認めず。
1991 10月、ミャンマーのアウンサンスーチーにノーベル平和賞(14日)、授賞式には欠席。
10月、パリ和平協定によりカンボジア内戦が終結(23日)。
11月、マルコス元フィリピン大統領夫人のイメルダがフィリピンに帰国。
1993 カンボジアの選挙支援に参加していた日本人国連ボランティアの中田厚仁さんがゲリラに襲撃され死亡。
1995 5月、イメルダがフィリピン下院議員選挙に立候補して当選。
7月11日、ベトナム・アメリカ国交樹立宣言。28日、ベトナムがASEANに加盟。
1997 7月、ミャンマー、ラオスがASEANに加盟。
1998 インドネシアで民主化運動。スハルト大統領が失脚。
1999 3月、アウンサンスーチーの夫マイケル・アリスさんが死去。
4月、カンボジアがASEAN加盟(現在の10か国に)。
8月、東ティモールで独立を問う住民選挙。10月、インドネシアからの分離独立が決定。

2001 タイ愛国党のタクシンが首相に就任。

2002 5月、東ティモール民主共和国独立。

2006 タイ軍部のクーデターによりタクシン首相が失脚し海外に亡命（タイ式政権交代）。

2011 3月、東ティモール、ＡＳＥＡＮ加盟申請。
8月、タイ貢献党のインラックが首相に就任。

2012 4月、スカボロー礁でフィリピン軍と中国軍が対峙。
6月10日、ミャンマー西部ラカイン州でロヒンギャと仏教徒の対立が激化し、非常事態宣言が出される。16日、アウンサンスーチーがノルウェーでノーベル平和賞受賞演説。

2013 フィリピン、南シナ海問題で中国を国際仲裁裁判所に提訴。

2014 タイ軍部のクーデターによりインラック首相は国外逃亡

2015 11月、ミャンマー総選挙でアウンサンスーチー率いるＮＬＤが勝利し、政権交代。
12月、ＡＳＥＡＮ経済共同体（ＡＥＣ）設立。中国主導のアジアインフラ投資銀行（ＡＩＩＢ）発足。

2016 5月、フィリピン大統領選挙で前ダバオ市長のドゥテルテが当選。
10月、タイのプミポン国王死去、長男のワチラーロンコーンが国王に即位。

2017 8月8日、ＡＳＥＡＮ設立50周年。
同月、ミャンマーでロヒンギャ問題が激化、アウンサンスーチーに世界的非難が起こる。

2018 5月、マレーシアで92歳のマハティールが首相に返り咲く。
6月、シンガポールで初の米朝首脳会談。

2019 2月、ベトナムのハノイで2回目の米朝首脳会談。

＊参考資料・文献／池上彰『そうだったのか！ 現代史』（集英社）、『20世紀年表』（毎日新聞社）、ＡＳＥＡＮ本部ＨＰ、外務省ＨＰなど

おわりに

東京学芸大学附属高等学校の校舎は、総じて天井が高く、歴史を感じさせます。そんな教室に生徒があふれ、長時間にわたり、熱心に授業を聞いてくれました。

タイの首都バンコクの正式名称を知っているかと、生徒に尋ねたときは、正直に言って言える人がいるはずないと思っていました。ところが、見事に暗唱したのですね。しかも意味も理解していました。

こうした生徒諸君を相手に授業をするのですから、実にやりがいのある時間でした。

カンボジアでの内戦とポル・ポト派による虐殺事件は、高校生には刺激が強すぎたかもしれません。知識人狩りの一環として、メガネをかけた人の命が狙われたという話になると、メガネをかけた生徒同士が顔を見合わせました。信じられない。あの時代にあそこに生まれなくてよかった。そんな感情が去来したのでしょうか。

でも、あれだけの悲劇が、いまだに詳しく検証されたわけではありません。加害者が生存していると、歴史として総括し、断罪することが難しいのです。

インドネシアでの虐殺事件も、彼らには初耳でした。普通の人たちが、扇動により、恐怖により、集団で暴力化していくことは、過去に各地で起きています。問題は、それをどのような教訓として継承していくか、です。

そしてミャンマーのアウンサンスーチー氏の半生。悲劇のヒロインが、やがて世界から非難される存在になっていく。これもまた人間の人生です。

でも、結果として、ロヒンギャの人々が難民となってしまいました。アジアにも難民問題は存在しているのです。

東南アジアにも、それぞれ抱える課題や困難はありますが、旅行して楽しいところでもあります。人々は優しく、食べ物はおいしい。今後、旅行に行くときは、ガイドブックだけでなく、この本も小脇に抱えていただければと思います。

池上　彰

本書を刊行するにあたって、
東京学芸大学附属高等学校の
先生や生徒のみなさまにご協力いただきました。
厚く御礼申し上げます。

――編集部

池上 彰

いけがみ・あきら

1950年長野県生まれ。慶應義塾大学経済学部卒業後、73年にNHK入局。報道局社会部記者などを経て、94年4月から11年間にわたり、『週刊こどもニュース』のお父さん役を務め、わかりやすく丁寧な解説で人気を集める。

2005年にNHKを退職し、フリージャーナリストに。名城大学教授、東京工業大学特命教授。愛知学院大学、立教大学、信州大学、日本大学、順天堂大学、東京大学などでも講義を担当。主な著書に『そうだったのか!現代史』『伝える力』『池上彰の学べるニュース』などがある。

構成

片原泰志

ブックデザイン

鈴木成一デザイン室

地図製作

平凡社地図出版株式会社

編集協力

岡本八重子、西之園あゆみ

校正

小学館出版クォリティーセンター

制作

星一枝、太田真由美

販売

大下英則

宣伝

島田由紀

編集

園田健也

池上彰の世界の見方

Akira Ikegami, How To See the World

東南アジア

ASEANの国々

2019年4月27日　初版第1刷発行

著者
池上 彰

発行者
小川美奈子

発行所
株式会社小学館
〒101-8001 東京都千代田区一ツ橋2-3-1
編集03-3230-5112 販売03-5281-3555

印刷所
凸版印刷株式会社

製本所
株式会社 若林製本工場

 ISBN978-4-09-388687-1